Von Aachener Gruß bis Zecke Neuendorf

Deutsche Landeskunde – nicht nur für Ausländer

Werner Schäfer

Von Aachener Gruß bis Zecke Neuendorf

Deutsche Landeskunde – nicht nur für Ausländer

Bibliografische Information der Deutschen Nationalbibliothek:
Die Deutsche Nationalbibliothek verzeichnet diese Publikation in der Deutschen Nationalbibliografie; detaillierte bibliografische Daten sind im Internet über http://dnb.dnb.de abrufbar.

Lektorat: Liliya Rissling

Herstellung und Verlag: BoD – Books on Demand, Norderstedt

ISBN: 978-3-7578-1848-7

Beethoven und Bach, der Kölner Dom und die Berliner Mauer, Bratwurst und Bier, Hitler und das Hakenkreuz – das ist deutsch. Das ist bekannt.

Aber: Was sind Blaue Fliesen? Wo verläuft der Aldi-Äquator? Wer sind die Herz-Jesu-Marxisten? Warum gibt es eine Bushaltestelle, an der kein Bus abfährt? Auf solche Fragen gibt dieses Buch Antwort, in einzelnen Stichworten, von A wie *Aachener Gruß* bis Z wie *Zecke Neuendorf*. Das Buch handelt nicht von den großen Fragen der deutschen Kultur. Es handelt von der Alltagskultur.

Man kann das Buch von *Aachener Gruß* bis *Zecke Neuendorf* durchlesen, man kann aber auch darin blättern und sich überraschen lassen. Deshalb findet sich am Ende einiger Einträge ein Querverweis auf andere Einträge, die von demselben Thema handeln.

AACHENER GRUß

Wenn Autofahrer aus Aachen (AC) anderen Autofahrern aus Aachen begegnen, heben sie den kleinen Finger. Das ist der *Aachener Gruß*. Diesen Gruß tauschen die Aachener aus, wenn sie im Ausland sind (zum "Ausland" gehören auch Bayern und Mecklenburg-Vorpommern). Der Aachener Gruß kommt aus der Aachener Geschichte, der Industriegeschichte. Aachen war früher ein wichtiger Ort für die Tuchproduktion und auch für die Nadelproduktion. Die Arbeiter, meist Kinder, benutzten den kleinen Finger (der in Aachen *Klenkes* heißt) zum Aussortieren der Nadeln. Daher der Aachener Gruß. In der Innenstadt von Aachen steht das Klenkes-Denkmal: drei Figuren, jede den kleinen Finger erhoben, zum Aachener Gruß.

ADVENT, ADVENT, EIN LICHTLEIN BRENNT ...

Der Adventskranz, mit vier Kerzen, die nacheinander an den vier Sonntagen des Advents angezündet werden, ist fester Bestandteil der deutschen Alltagskultur. Das dazugehörige Gedicht lautet: „Advent, Advent, ein Lichtlein brennt, / erst eins, dann zwei, dann drei, dann vier, / dann steht das Christkind vor der Tür." Das schöne, aber etwas biedere Gedicht hat Parodien hinter sich hergezogen, wie „Advent, Advent, ein Lichtlein brennt, / erst eins, dann zwei, dann drei, dann vier, / und wenn das fünfte Lichtlein brennt, / dann hast du Weihnachten verpennt." Oder, scharfzüngiger, mit politischen Implikationen „Advent, Advent, ein Lichtlein brennt, / erst eins, dann zwei, dann drei, dann vier, / schon steh'n die Bullen vor der Tür."

AKADEMISCHES VIERTELSTÜNDCHEN

Wenn an der Universität eine Vorlesung von 10-12 dauert, dann fängt sie tatsächlich nicht um 10.00 Uhr, sondern um 10.15 Uhr an, eine Viertelstunde später. Früher war das nötig, weil die Studenten Zeit haben mussten, von einem Ort der Stadt zum anderen zu kommen. Die Vorlesungen, wie heute noch in den alten Universitätsstädten wie Heidelberg oder Köln, fanden in verschiedenen Gebäuden der Stadt statt. Heute, in den modernen Campus-Universitäten, gibt es die akademische

Viertelstunde immer noch. Auch wenn die Wege nicht mehr so weit sind. Die Studenten können in dieser Viertelstunde in die Cafeteria gehen oder eine SMS schreiben. Wenn man sich in Deutschland privat trifft, sollte man eigentlich pünktlich sein. Aber wenn man ein paar Minuten zu spät ist, dann macht das nichts. Solange es nicht mehr als das "akademische Viertelstündchen" ist.

ALDI-ÄQUATOR

Die Firma *Aldi* ist ein großer deutscher Discounter. Er geht zurück auf einen Lebensmittelladen der Brüder Albrecht, Theo und Karl Albrecht, in Essen. Von dort breitete sich *Aldi* als Kette über ganz Deutschland aus. Eine Meinungsverschiedenheit zwischen den Brüdern, den Verkauf von Tabakwaren betreffend (eigentlich eine Lappalie), führte zu der Trennung der Kette in *Aldi Nord* und *Aldi Süd*. Die Grenze zwischen beiden verläuft über beinahe 700 Kilometer quer durch Deutschland, von der holländischen bis zur tschechischen Grenze. Diese Linie nennt man *Aldi-Äquator*. Der verläuft nicht gerade, sondern neigt sich in östlicher Richtung gegen Süden. Deshalb kann es Orte geben, die zu *Aldi-Süd* gehören, obwohl sie nördlicher liegen als andere, die zu *Aldi-Nord* gehören. In zwei Städten in Nordrhein-Westfalen, in Siegen und in Gummersbach, verläuft der Aldi-Äquator mitten durch den Ort. Dort kann man sowohl bei *Aldi-Süd* als auch bei *Aldi-Nord* einkaufen.

ALLES WIRD BESSER, ABER …

Die Texte der DDR-Band *Silly* zeichneten sich durch Zeilen aus, die echte Gedankensplitter waren und teils in die Alltagssprache eingingen: „Die Ferne ist ein schöner Ort, doch wenn ich da bin, ist sie fort." Eine ihrer Zeilen wurde von einer Künstlerin an einem Stück der Berliner Mauer verewigt: „Alles wird besser, aber nichts wird gut."

AMPEL

Die Ampel ist in Deutschland nicht nur eine Verkehrsampel, sondern auch eine politische Konstellation, eine Koalition der drei Parteien, die man mit den Farben einer Ampel verbindet: Rot

(SPD), Gelb (FDP) und Grün (Die Grünen). Die ersten Ampeln gab es in Bremen und in Brandenburg, aber sie haben nicht lange gehalten. In Rheinland-Pfalz wurde 2016 eine langlebigere Ampel installiert. Sie ist die erste Ampel, die in einer Wahl bestätigt wurde. Auf Bundesebene wurde 2021 zum ersten Mal eine Ampel installiert. > JAMAIKA

APRIL, APRIL …

Der April hat den Ruf, besonders wechselhaft zu sein, was das Wetter betrifft. Es kann an einem Tag schneien und schönster Sonnenschein herrschen. Daher rührt der Ausspruch „April, April, der macht, was er will." > WENN DER HAHN KRÄHT …

ARM, ABER SEXY

Vielfach zitierter, zum Slogan gewordener Satz über Berlin, formuliert von Klaus Wowereit, dem früheren Regierenden Bürgermeister von Berlin. Es war wohl der wichtigste Satz seiner Karriere, jedenfalls der folgenreichste. Der Satz wurde geprägt nach dem Fall der Mauer, in einer Phase, als in Berlin das Nachtleben brummte und die Kultur einen Aufschwung erlebte, aber die Kassen leer waren. Böse Zungen kehrten den Slogan um und sagten „Reich, aber unsexy". Das sollte für München gelten.

Bad Saarower Haarsammlung

Der Kurort Bad Saarow erlangte durch eine bizarre Aktion der Stadtverwaltung Bekanntheit. Dort sammelten städtische Beamte bei den örtlichen Friseuren die abgeschnittenen Haare ein. Sie wurden in Plastikbündel verpackt und an Bäume gehängt. Der menschliche Geruch diente dazu, unliebsame Gäste aus dem Ort zu vertreiben – die Wildschweine.

Ballermann

Deutsche verreisen gern. Und haben sehr unterschiedliche Reisegewohnheiten. Ein Drittel der Deutschen setzt auf Kultur und Natur, ein Drittel auf Gesundheit und Selbsterfahrung, ein Drittel verbringt den Urlaub am Strand. Viele der Strandurlauber fahren nach Spanien, viele davon nach Mallorca, und eine Reihe davon an den

Ballermann. Dort steht der Urlaub unter dem Motto *SSSS:* Strand, Sonne, Saufen, Sex. Der *Ballermann* heißt nicht wirklich so. Nur bei den deutschen Touristen heißt er so. Das Wort ist eine Verballhornung des spanischen Worts *Balneario,* das eigentlich einen Kurort bezeichnet, hier aber für einen Strandabschnitt steht. Das Wort wird oft abfällig gebraucht, hat es aber immerhin in den *Duden* geschafft.

BAUM MIT POSTLEITZAHL

In Holstein, zwischen Eutin und Plön, steht die Bräutigamseiche. Sie hat eine eigene Postleitzahl. Die offizielle Adresse ist: Bräutigamseiche, Dodauer Forst, 23701 Eutin. Man kann an die Eiche schreiben, wenn man einen Partner sucht. Der Postbote wirft die Briefe in das Astloch der Eiche, und dort kann sie jeder öffnen und lesen. Wenn man interessiert ist, nimmt man mit dem Absender Kontakt auf, wenn nicht, wirft man den Brief wieder in die Eiche. Briefe kommen nicht nur aus Deutschland, sondern aus aller Welt, vor allem aus Japan, China, Amerika und Skandinavien. Viele Verbindungen sind schon zustande gekommen und zumindest vier Ehen, darunter zwei Paare, die ihre Silberhochzeit unter der Eiche feierten. Die Eiche ist 600 Jahre alt und hat eine Höhe von 25 Metern und einen Umfang von 5 Metern. Sie wurde zur Bräutigamseiche, als eine Förstertochter ein Techtelmechtel mit einem Leipziger Schokoladenfabrikanten hatte. Weil ihr Vater gegen die Verbindung war, spielten die beiden sich heimlich Briefe zu, die sie in das Astloch der Eiche legten. 1891 heirateten sie dann doch, mit Einwilligung des Vaters und unter der Eiche.

BAVARIA

Jeder kennt die Freiheitsstatue von New York. Nicht jeder kennt die *Bavaria*. Zu Unrecht. Sie ist nicht ganz so groß wie die Freiheitsstatue, ist aber älter als sie und auch älter als das Hermannsdenkmal im Teutoburger Wald. Sie wurde 1850 eingeweiht und steht auf der Münchner Theresienwiese. Sie besteht nicht, wie die anderen Statuen, aus Kupferplatten, die auf ein Gerüst montiert sind, sondern ist ein Kunstguss. Das ist eine handwerkliche

Meisterleistung. Die ersten beiden Glieder des kleinen Fingers der Bavaria wurden in Bronze gegossen und ergeben einen Pokal. In diesen Pokal passen drei Maß Bier. > HERMANN DER CHERUSKER

BAYERKREUZ

Das Bayerkreuz ist eine große Leuchtreklame, in Leverkusen, dem Sitz des Bayer-Konzerns. Es ist weithin sichtbar, hat einen Durchmesser von 51 Metern und enthält 1.700 Glühbirnen. Im Frühling und im Herbst wird es abgeschaltet. Sonst würde es die Zugvögel irritieren und ihnen die Orientierung nehmen.

BEAMTENMIKADO

Beamte haben in Deutschland keinen guten Ruf. Sie gelten als träge, unbeweglich und unflexibel. Ironisch spricht man von *Beamtenmikado*, wenn man sich über Beamte lustig macht. Mikado ist ein Spiel, bei dem man verliert, wenn sich etwas bewegt. So soll es auch bei den Beamten sein. Die sitzen herum und tun nichts, nach dem Motto: „Wer sich zuerst bewegt, ist raus."

BECHER-HYMNE

Becher-Hymne ist der inoffizielle Name der Nationalhymne der DDR, „Auferstanden aus Ruinen", benannt nach dem Verfasser des Textes, Johannes R. Becher. Der Text der Hymne ist weniger militant als der der Hymne anderer Länder und nicht so kämpferisch wie sonst die Losungen und Reden des SED-Staats. Er spricht von Demokratie, Kultur, Arbeit, Wohlstand, Völkerfreundschaft, Frieden und der Einheit Deutschlands. Es war vielleicht eine verpasste Chance, die Becher-Hymne nicht zur Hymne des vereinigten Deutschlands gemacht zu haben. Mit diesem Text kann man sich leicht identifizieren. Für die Melodie gab es zwei Vorschläge, das Zentralkomitee entschied sich für die Version von Hanns Eisler. Schon 1949 wurde das Lied zur Nationalhymne der DDR erklärt und blieb es bis zur Auflösung der DDR 1990. Der Text spricht von Deutschland als „unserem Vaterland" und enthält die Zeile „Deutschland, einig Vaterland". Die Vereinigung Deutschlands galt damals noch als Ziel, später aber distanzierte man sich davon und wollte die DDR als eigenständigen Staat sehen. Deshalb wurde die Hymne in den letzten zwanzig Jahren ohne Text gespielt! Das Versmaß der Hymne ähnelt dem der Hymne der BRD, und man kann die beiden Texte zu weiten Teilen auf die Melodie der anderen Hymne singen! Das war vermutlich nicht im Sinne der DDR-Führung. Eine weitere Kuriosität: Bei verschiedenen Gelegenheiten, bei Staatsbesuchen und bei Sportereignissen, wurde statt der bundesdeutschen Hymne von dem Gastgeberland versehentlich die Becher-Hymne gespielt.

BERLINER STRAßEN

Wie in jeder Großstadt gibt es in Berlin gewisse Straßen, die jeweils für einen besonderen Zweck stehen. In der *Leipziger Straße* geht man einkaufen, *Unter den Linden* flaniert man, und in der *Friedrichstraße* findet man Lokale. Kurz gesagt: Leipziger Straße = Kaufstraße, Unter den Linden = Laufstraße, Friedrichstraße = Saufstraße.

BESSERWESSIS

Nach der Wiedervereinigung, die streng genommen gar keine war und jetzt meist *Wende* genannt wird, kamen die Wörter *Ossis* für Ostdeutsche und *Wessis* für Westdeutsche auf. Die Ossis nannten die Wessis auch *Besserwessis*, in Anlehnung an *Besserwisser*. Aus der Sicht der Ossis waren Wessis Menschen, die alles besser wussten und den Ossis sagten, wo es lang zu gehen habe. > JAMMEROSSIS

BIERGARTEN

Biergärten sind, einem brasilianischen Profifußballer zufolge, das „brasilianischste an Deutschland". Dabei dachte er aber wohl an die ursprünglichen Biergärten, großflächig, mit hohen Bäumen. Heute nennt jedes Lokal, das ein paar Plätze im Freien hat, seinen Hinterhof *Biergarten.* Der seinen Namen aber oft nicht verdient. Wie sind die Biergärten entstanden? Bier durfte ursprünglich nur in der kalten Jahreszeit – von Oktober bis April – gebraut werden. Im Sommer war wegen des Siedens die Brandgefahr zu groß. Um im Sommer Bier ausschenken zu können, mussten die Brauer also große Mengen Bier kühl lagern. Dafür wurden unterhalb der Brauereien große Kellergewölbe angelegt. Das Eis schaffte man im Winter von zugefrorenen Weihern und Seen heran. Das Gelände oberhalb der Keller wurde mit schattenspendenden Kastanien bepflanzt. Dann erst kam man auf die Idee, auf diesem Areal Tische und Bänke aufzustellen, um dort das Bier zu verkaufen. Und eine Brotzeit dazu. Das stieß auf das Missfallen der Münchner Gaststättenbetreiber. Deren Geschäft litt unter den Biergärten. Unter Ludwig I. wurde festgelegt, dass die Brauer nur Bier ausschenken, aber keine Speisen anbieten durften. Daher rührt der Brauch, dass man in Münchner Biergärten bis heute seine eigene Brotzeit in den Biergarten mitbringen darf.

BLAUE FLIESEN

Aus dem Alltag der DDR stammt die *Blaue Fliese* (oder *Blaue Kachel*), ein umgangssprachliches Wort für die in der Bundesrepublik ausgegebenen Geldscheine, besonders für den blauen Hundertmarkschein. Das Wort diente, als Alternative zu *Westgeld*, als Tarnwort, und kam in privaten Anzeigen zum Einsatz, in denen eine

Blaue Fliese angeboten wurde als Gegenwert zu dem gesuchten Objekt. *Blaue Fliese* spielte einerseits auf die Farbe des Hundertmarkscheins an, andererseits auf die blauen Delfter Kacheln und den mit ihnen verbundenen hohen Wert.

BLAUER BRIEF

Deutsche Schüler bekommen einen *Blauen Brief*, wenn sie in der Schule schlechte Noten haben, so schlechte Noten, dass sie am Ende des Schuljahres vielleicht nicht versetzt werden, also die Klasse wiederholen müssen. Die Blauen Briefe kommen, als Warnung, ein paar Monate vor dem Ende des Schuljahres. Die Blauen Briefe sind nicht blau, sondern weiß. Sie heißen *Blaue Briefe*, weil früher, in Preußen, die amtlichen Briefe auf blauem Papier geschrieben wurden.

BLEIFUß

Es gibt in Deutschland Autofahrer, die auf der Autobahn immer so schnell fahren, wie es nur eben geht. Mit dem Fuß auf dem Gaspedal. Er liegt darauf, schwer wie Blei. Solche Autofahrer und ihren Fuß nennt man *Bleifuß*.

BLÜHENDE LANDSCHAFTEN

Helmut Kohl versprach den Ostdeutschen nach der Wende „blühende Landschaften", ein Versprechen, das ihm viel Beifall, aber später auch Hohn und Spott eintrug. Neben den nicht zu bestreitenden Verbesserungen der Lage der Menschen in den neuen Bundesländern, den Ländern, die auf dem Gebiet der früheren DDR entstanden, gab es statt blühender Landschaften einen Ausverkauf der DDR-Wirtschaft, heruntergekommene oder für einen Spottpreis verkaufte Industrieunternehmen, verunsicherte Menschen, Menschen, die ihren gewohnten Zusammenhalt eingebüßt hatten, Menschen, die ihren Arbeitsplatz verloren hatten, deren Lebensleistung nicht gewürdigt und Menschen, deren Unerfahrenheit im Umgang mit den Prozessen eines kapitalistischen Systems von westlichen Investoren und Unternehmen ausgenutzt wurde. Wüste statt blühender Landschaften – so sahen es jedenfalls viele Ostdeutsche.

BOCKWURST

Die Bockwurst ist eine beliebte Wurst, die klassischerweise vor allem zu Kartoffelsalat gegessen wird. Sie heißt auch *Frankfurter*. Oder *Wiener*. Das kam so: Der Metzgergeselle Johann Georg Lahner, der in Frankfurt sein Handwerk gelernt hatte, ging anschließend nach Wien und eröffnete dort ein Lokal, in dem er seine *Frankfurter* anbot. Später wurde Lahner Hoflieferant für Kaiser Franz I. Bei der Weltausstellung in Chicago 1893 gelang den Frankfurtern der Durchbruch in Amerika. Dort landeten sie im Hot Dog. In Deutschland sagen die meisten weder *Frankfurter* noch *Wiener*, sondern *Bockwurst*. Die wurde oft zum *Bockbier* gegessen, und das wiederum hat seinen Namen von *Einbeck*, der Stadt in Niedersachsen, die das berühmte Exportbier braute. *Bock* ist eine regionale Variante von *Einbeck*.

BOSTON, GERMANY

Boston und *Philadelphia* sind die Namen von zwei Orten in Brandenburg. Im 18. Jahrhundert wollten viele Deutsche ausreisen, aber für viele war die Ausreise zu teuer. Sie konnten sie sich nicht leisten. Ihnen wurde vom König Land angewiesen, das sie bebauen konnten, Land, das bis dahin brach lag, also nicht genutzt wurde. Sie nannten die neuen Orte nach ihren ursprünglichen Zielen.

BRÜDER

Deutschland, Land der Brüderpaare. Die Brüder Grimm sind das bekannteste deutsche Brüderpaar, aber nicht das einzige, das es zur Berühmtheit gebracht hat. Die Brüder Grimm sind bekannt als die Verfasser von Märchen, den Grimm'schen Kinder- und Hausmärchen. Die Brüder Grimm, Jakob und Wilhelm, waren aber keine Märchenerzähler, sondern Akademiker, ernsthafte Wissenschaftler, mit besonderem Interesse an der deutschen Sprache. Sie waren bedeutende Forscher und wichtige Personen des öffentlichen Lebens. Und auch politisch engagiert. Sie waren das ganze Leben lang eng beieinander, wohnten auch viele Jahre zusammen. Auch Wilhelm und Alexander von Humboldt waren ein Leben lang eng miteinander verbunden, aber ihre

Lebenswege waren sehr unterschiedlich, und ihre Wesensart war es auch. Heinrich und Thomas Mann waren ebenfalls sehr unterschiedlich und als Schriftsteller lebenslang Konkurrenten. Wieland Wagner und Wolfgang Wagner, Enkel von Richard Wagner, übernahmen nach dem Krieg gemeinsam, aber mit unterschiedlichen Verantwortungsbereichen, die Bayreuther Festspiele. Richard von Weizsäcker, Politiker, ehemaliger Bundespräsident, ist der Bruder von Carl Friedrich von Weizsäcker, Physiker und Friedensforscher. Bernhard Vogel, erst Ministerpräsident von Rheinland-Pfalz, dann von Thüringen, ist der Bruder von Hans-Jochen Vogel, früher Oberbürgermeister von München und Vorsitzender der SPD. Sein Bruder war in der CDU. Zwei Brüderpaare sind die Gründer bedeutender deutscher Unternehmen: Theo und Karl Albrecht sind die Gründer von *Aldi*. Sie waren bis zu ihrem Tod die reichsten Deutschen und vermieden die Öffentlichkeit, soweit es ging. Rudolf Dassler und Adolf Dassler gründeten zwei Unternehmen, die Konkurrenten sind und beide Sportartikel produzieren: *Puma* und *Adidas*

(Adi Dassler). Zwei bekannte Formel-1-Rennfahrer sind Michael Schumacher und sein Bruder Ralf. Zu den weiteren Brüderpaaren gehören Herbert und Dietrich Grönemeyer (Sänger der eine, Mediziner und Bestsellerautor der andere), Otto Schily und Konrad Schily (Politiker verschiedener Parteien), Volker und Siegfried Kauder (Politiker derselben Partei).

BÜCKWARE

In der DDR verstand man unter *Bückware* schwer erhältliche Waren (Südfrüchte, Autoersatzteile, Rundfunkgeräte usw.), die nicht offen verkauft wurden, sondern versteckt unter der Theke gelagert wurden. Um an die heranzukommen, musste der Verkäufer sich bücken.

BUNDESBANK

Die Bundesbank ist die Zentralbank der Bundesrepublik Deutschland. Inzwischen hat sie viele Funktionen an die Europäische Zentralbank abgegeben. Sie hatte bei den Deutschen in der Nachkriegszeit eine hohe Reputation. Die Deutschen vertrauten der D-Mark und der

Bundesbank mit geradezu religiöser Inbrunst.
Das liegt dem Ausspruch zugrunde „Nicht alle
Deutschen glauben an Gott, aber alle Deutschen
glauben an die Bundesbank." > DEUTSCHER
BATZEN

BUNDESKANZLERIN

Bundeskanzlerin war das Wort des Jahres 2005.
In dem Jahr wurde Angela Merkel
Bundeskanzlerin. Bis dahin hatte es nur Männer
in der Position des Regierungschefs gegeben, und
das Wort *Bundeskanzler* hatte noch keine
Entsprechung im Femininum, obwohl weibliche
Berufsbezeichnungen längst gängig waren. Aber
eine *Bundeskanzlerin* hatte es noch nicht
gegeben. > ES IST EIN MÄDCHEN

BUNDESVERDIENSTKREUZ

Jedes Jahr erhalten zwischen 3.500 und 4.500
Menschen das Bundesverdienstkreuz. Allerdings
gibt es *das* Bundesverdienstkreuz gar nicht. Es
wird in acht Stufen verliehen. Dabei muss man –
allerdings gibt es Ausnahmen – die Stufen eine
nach der anderen durchlaufen. Ganz unten steht

die Verdienstmedaille, ganz oben das Großkreuz,
mit dem Großkreuz mit Stern als Sonderstufe.
Das Engagement des Ordensträgers soll sich über
einen längeren Zeitraum erstrecken und
besondere Verdienste umfassen. Sich selbst
vorschlagen kann man nicht. Eine Reihe von
Menschen lehnt die Auszeichnung ab, darunter
waren in der Vergangenheit auch Prominente:
Inge Meysel, Hans-Joachim Kulenkampff, Horst-
Eberhard Richter, Heinrich Böll, Siegfried Lenz,
Günter Grass, Rupert Neudeck. Dafür gilt
allerdings Peter Ustinovs Aperçu, einen Orden zu
verweigern sei ebenso ein Zeichen von Eitelkeit
wie ihn anzunehmen.

BUSHALTESTELLE OHNE BUS

In Remscheid gibt es eine Bushaltestelle, an der
kein Bus hält. Die Haltestelle steht vor einem
Altersheim, in dem viele Demenzkranke leben.
Wenn die Demenzkranken das Altersheim
verlassen, um „nach Hause" zu fahren, setzen sie
sich an die Bushaltestelle und warten. Nach
einiger Zeit haben sie vergessen, dass sie „nach
Hause" wollen und kehren ins Altersheim zurück.

Die Bushaltestelle schützt die Kranken, indem sie verhindert, dass sie durch die Straßen irren.

BUTTER BEI DIE FISCHE!

Wenn etwas dringend ist, endlich geklärt werden soll, wenn man offen sagen soll, was man meint, wird man dazu aufgefordert mit dem Satz „Butter bei die Fische!" Der Satz ist nur richtig, wenn er falsch ist. Der Akkusativ, der eigentlich hier fehl am Platze ist, ist hier richtig. Er folgt den Regeln des Sprachgebrauchs, und die stehen manchmal quer zur Grammatik. Den Satz zu „verbessern" ist pedantisch und unangebracht. Auch der Duden zitiert den Satz so. > RIN IN DIE KARTOFFELN, RAUS AUS DIE KARTOFFELN

CASTROP-RAUXEL

Wanne-Eickel ist eine Stadt im Ruhrgebiet. Castrop-Rauxel ist ebenfalls eine Stadt im Ruhrgebiet. Beide sind nicht so bekannt wie andere, größere Ruhrgebietsstädte wie Essen oder Dortmund. Deshalb wird manchmal kolportiert, es seien gar keine zwei Städte, es sei eine einzige Stadt, die man unter zwei Namen kenne. *Castrop-*

Rauxel ist demnach die lateinische Übersetzung von *Wanne-Eickel.*

CURRYWURST

Die Currywurst ist ein beliebter Imbiss und ein Klassiker in deutschen Pommesbuden, landauf, landab. Die Frage ist nur, woher kommt sie? Wo wurde sie erfunden, in Hamburg oder in Berlin? Die Hamburger sagen in Hamburg, die Berliner sagen in Berlin. Dabei haben sie aber die Rechnung ohne das Ruhrgebiet gemacht. Das reklamiert auch die Currywurst für sich. Eine Antwort erwartet man sich von dem Roman *Die Entdeckung der Currywurst*, aber der handelt gar nicht von der Currywurst. Nur in seinem letzten Kapitel greift der Roman das Thema auf. Und lässt keinen Zweifel an der Herkunft der Currywurst.

DA WERDEN SIE GEHOLFEN

Verona Feldbusch, eine Prominente, deren Fähigkeiten und Verdienste sich nicht auf den ersten Blick erschließen, schuf sich selbst das Image des gutaussehenden Dummerchens.

Gutaussehend war sie auf jeden Fall (was ihr die Gegnerschaft einer führenden deutschen Feministin eintrug, der zufolge Frauen hässlich und militant zu sein haben), aber ein Dummerchen war sie auf keinen Fall. Das war Vorwand, ein Teil des künstlich kreierten Images. Das machte sich bezahlt. Verona Feldbusch wurde bekannt und bekam Aufträge für Werbungen. In einer Werbung für eine Telefonauskunft trat sie auf mit dem einprägsamen Werbespruch „Da werden Sie geholfen." Nicht ganz korrekt, aber interessanter als das korrekte „Da wird Ihnen geholfen." > ICH HABE FERTIG

DDR

DDR steht für *Deutsche Demokratische Republik*, für den sozialistischen Staat, der bis 1990 auf deutschem Boden existierte. Bei der Bevölkerung der DDR wurde *DDR* auch anders gedeutet: *Deutscher Distrikt Russland* oder *Der Doofe Rest* (die nicht Geflüchteten) oder *Dawaj, Dawaj, Rabotaj* – also *Los, los, an die Arbeit!* auf Russisch.

DER BALL IST RUND

Der ehemalige Trainer der deutschen Fußballnationalmannschaft, Sepp Herberger, war bekannt für seine scheinbar trivialen, aber doch tiefgründigen und vor allem prägnanten Epigramme. Die Einsicht, dass immer alles offen ist, dass man nie wissen kann, wie es läuft, auch wenn die eigene (oder die gegnerische) Mannschaft hoher Favorit ist, hieß bei ihm einfach „Der Ball ist rund." > EIN FUßBALLSPIEL DAUERT NEUNZIG MINUTEN

DER EBER IST OFT MISSGESTIMMT …

Schweine haben in vielen Kulturen einen schlechten Ruf, auch bei uns. Sie gelten als unsauber – nicht unbedingt zu Recht. Ein fast wehmütig klingender Reim bringt das zum Ausdruck: „Der Eber ist oft missgestimmt, / weil seine Kinder Ferkel sind. / Nicht nur die Frau, die Sau, die seine, / Auch die Verwandtschaft – alles Schweine."

DER FUCHS IST SCHLAU UND STELLT SICH DUMM, …

Ein bösartiger Spruch der Ossis über die Wessis

lautet „Der Fuchs ist schlau und stellt sich dumm, beim Wessi ist es andersrum." Im Westen gibt es denselben Spruch über die Ossis.

> BESSERWESSIS

DER MENSCH DENKT, …

Ein Ausdruck christlicher Ergebenheit in sein Schicksal findet sich in dem Ausspruch *Der Mensch denkt – Gott lenkt.* Nicht alles, was wir planen, gelingt, es kommt anders, als wir denken, alles geht auf Gottes Ratschlag zurück. Im Saarland, der Heimat des Schwenkbratens – ein Braten, der auf einem Schwenkgrill zubereitet wird, der an einer Kette hängt – erfährt dieser Ausspruch eine ironische Variation: *Gott lenkt – der Saarländer schwenkt.*

DER NÄCHSTE GEGNER IST IMMER DER SCHWERSTE

Der ehemalige Trainer der deutschen Fußballnationalmannschaft, Sepp Herberger, war bekannt für seine scheinbar trivialen, aber doch tiefgründigen und vor allem prägnanten Epigramme. Die Einsicht, dass man keinen Gegner, so schwach er auch sein mag, unterschätzen solle, hieß bei ihm einfach: „Der

nächste Gegner ist immer der schwerste." > NACH
DEM SPIEL IST VOR DEM SPIEL

DER TEUFEL HAT HOCHZEIT

Wenn es regnet und gleichzeitig die Sonne
scheint, sagt man „Der Teufel hat Hochzeit."

DEUTSCHE EFFIZIENZ

Das Endspiel um die Fußballweltmeisterschaft
1974 in München konnte nicht pünktlich
angepfiffen werden. Man hatte die Eckfahnen
vergessen.

DEUTSCHER BATZEN

Nach dem Krieg wurde in der Bundesrepublik
eine neue Währung eingeführt. Sie wurde D-Mark
(Deutsche Mark genannt). Der Name war
umstritten. Es gab eine Reihe von anderen
Vorschlägen, darunter, in Anlehnung an eine alte
Münze, *Batzen*. Dann würden wir nicht von der
D-Mark, sondern vom *D-Batzen* sprechen.

DEUTSCHE SCHRIFT

Deutschtümelei war den meisten Nazi-Führern
suspekt. Hitler selbst sprach spöttisch von den
„völkischen Aposteln". Vergangenheit, auch
germanische, passte nicht ins Bild einer auf
Aufbruch ausgerichteten Gesellschaft. Die bis
dahin übliche Frakturschrift war den Nazis zu
provinziell. Mit dem zierlich Verschnörkelten
hatten sie es nicht. Das *SS*-Zeichen in Runenform
gehört zu den wenigen Ausnahmen. Hitler sorgte
1941 dafür, dass die „Deutsche Schrift", die bis
dahin gültige Frakturschrift, abgeschafft und
durch die Antiqua als einzig gültige Normschrift
ersetzt wurde. Die benutzen wir bis heute. Wenn
Rechtsgesinnte ihre Slogans in Frakturschrift
schreiben, unterliegen sie damit also einem
historischen Irrtum. Die Fraktur repräsentiert
ganz und gar nicht das „Dritte Reich".

DEUTSCHE SPRACHE – SCHWERE SPRACHE?

Ob Deutsch wirklich schwerer ist als andere
Sprachen? Schwer zu sagen. Jedenfalls wird es
von vielen, Ausländern und Einheimischen, so
empfunden. Natürlich sind alle natürlichen

Sprachen schwer, aber Deutsch hat auf jeden Fall ein paar Besonderheiten aufzuweisen. Wir sagen *der Deutsche*, aber *ein Deutscher*, wir sagen *die Deutschen*, aber *Deutsche*, wir sagen *alle Deutschen*, aber *viele Deutsche*.

DEUTSCHLAND

Deutschland bezeichnet in Deutschland nicht nur das Land, sondern auch eine politische Konstellation, eine Koalition der drei Parteien, die man mit den Farben der deutschen Flagge verbindet: Schwarz (CDU), Rot (SPD), Gelb (FDP). Dabei nahm man sich bei Gelb etwas dichterische Freiheit, weil die Farbe der Flagge eigentlich Gold ist. Macht aber nichts, die Ähnlichkeit der Farben spricht dafür, und außerdem sind die Wörter *gelb* und *Gold* etymologisch verwandt. Auf Landesebene gab es in Berlin, Bremen und im Saarland vor dem Krieg Vorläufer einer Deutschlandkoalition, bevor es dieses Wort überhaupt gab. In neuerer Zeit wurde in Sachsen-Anhalt 2021 eine Deutschlandkoalition installiert.
> KENIA

DEUTSCHLAND, DEUTSCHLAND ÜBER ALLES

Kaum eine Zeile wird im Ausland (und in Deutschland) so oft missverstanden wie „Deutschland, Deutschland über alles", die erste Zeile vom „Lied der Deutschen", einem Gedicht von Hoffmann von Fallersleben. Das Gedicht beschwört die Einheit Deutschlands, stellt die nationale Einheit über die politische Zersplitterung und richtet sich damit gegen Kleinstaaterei und Feudalismus. Das war im Kontext des 19. Jahrhunderts eine überaus fortschrittliche Idee. Das Lied beschwört also *nicht* etwa die Vorherrschaft Deutschlands über andere Länder. Deshalb heißt es „Deutschland, Deutschland über *alles*", nicht „Deutschland, Deutschland über *alle*". Der Text konnte aber missverstanden werden, vor allem durch den Zusatz „über alles in der Welt". Der weitere Text trug später auch zu Missverständnissen bei: „Von der Maas bis an die Memel, von der Etsch bis an den Belt" galt späteren Zeiten als imperialistischer Vers, als Anspruch auf die Eroberung fremder Gebiete, aber zur Zeit der Verfassung des Gedichts gehörten das

Großherzogtum Luxemburg mit der Maas,
Ostpreußen mit der Memel, die Grafschaft Tirol
mit der Etsch und das Herzogtum Holstein mit
dem Belt zu Deutschland. Um solche
Missverständnisse zu vermeiden, wurde nach
dem Krieg beschlossen, den Text der dritten
Strophe des „Lieds der Deutschen" zum Text der
Nationalhymne zu machen, „Einigkeit und Recht
und Freiheit".

DIE MEISTE ZEIT DES LEBENS …

Man steht an einer Ecke und wartet, aber es tut
sich nichts. Man wartet weiter. Dann bekommt
man oft den ironischen Kommentar zu hören „Die
meiste Zeit des Lebens wartet man vergebens."

DIE MÖRDER SIND UNTER UNS

Der erste Spielfilm der deutschen Nachkriegszeit
hieß *Die Mörder sind unter uns*. Er setzte sich
kritisch mit den Geschehnissen während des
Dritten Reichs auseinander. Die Zuschauer waren
enttäuscht. Sie hatten einen Krimi erwartet,
wollten unterhalten werden und sich nicht mit
der Vergangenheit beschäftigen. Die war schwierig

und belastend. Man wollte abgelenkt werden. Und die Vergangenheit abhaken.

DIN A4

Das bekannteste aller Papierformate ist das Format DIN A4. Es ist der gängigste Papierstandard von allen. Briefbögen, Druckerpapier, Rechnungen, amtliche Schreiben, Handouts haben in der Regel dieses Format. Die Papierformate wurden nach dem Ersten Weltkrieg in Deutschland eingeführt und wurden zu einem echten Welterfolg. Außer in Nordamerika, in China und in Japan gelten diese Formate praktisch überall auf der Welt. Nicht umsonst, denn diese Papierformate haben einen echten Vorzug gegenüber allen anderen: Jedes Format, einmal zusammengeklappt, ergibt genau die Hälfte des vorherigen. DIN A5 ist also Hälfte von DIN A4, DIN A3 doppelt so groß wie DIN A4. Diese Formate finden überall Verwendung. Eine Postkarte hat zum Beispiel normalerweise das Format DIN A6, eine Kreditkarte das Format DIN A8, ein Flipchart die Größe DIN A1, viele Broschüren haben das Format DIN A5. Natürlich

gibt es Normen nicht nur für das Papier. Es gibt
Normen für Schränke, für Schrauben, für Grills,
für Fußbälle, für Tastaturen, für Schnuller, für
Bestattungen, für Teddybären. Die Normen sind
also in unserem Alltag präsent, mehr als wir
glauben. Den Wert von Normen erkennt man oft
erst, wenn es keine gibt, wie für die Ladekabel
von Handys.

EICHE WEICHE, BUCHE SUCHE

Eine alte Volksregel besagt, dass man sich bei
einem Gewitter unter einer Buche, nicht aber
unter einer Eiche unterstellen soll: „Eiche weiche,
Buche suche." Inzwischen wissen auch
diejenigen, die den Merksatz kennen, dass das
kein guter Rat ist. Man soll sich bei einem
Gewitter überhaupt nicht unter Bäume stellen.

EINE ALTE DEUTSCHE GITARRE HÄLT EWIG

Dieser nicht gerade sinnvolle Satz ist ein
Merkspruch, ein Merkspruch für die Saiten der
Gitarre. Die Anfangsbuchstaben benennen die
Gitarrensaiten von oben nach unten: E - A - D - G
- H - E. Der Merkspruch ist also eine
Eselsbrücke. Das Wort *Eselsbrücke* ist eine

Lehnübersetzung von *pons asinorum*. So hieß in der scholastischen Philosophie ein Mittelbegriff zwischen zwei Begriffen. Der Vorstellung liegt die volkstümliche, von Plinius in die Welt gesetzte Legende zugrunde, der Esel könne keine Brücke überqueren, wenn er durch ihre Planken das Wasser sieht. > ES GEHT HURTIG DURCH FLEIß

EINE ERKÄLTUNG DAUERT SIEBEN TAGE ...

Wie in anderen Ländern kommen in Deutschland gegen eine Erkältung häufig Hausmittel zum Einsatz: Tee mit Zitrone, Milch mit Honig, Hühnersuppe, beinahe universelle Heilmittel. Auch Medikamente kommen zum Einsatz, aber der Volksmund ist da skeptisch und sagt: „Eine Erkältung dauert sieben Tage mit Medizin und eine Woche ohne."

EINE KUH MACHT MUH ...
Eine beliebte Klage unter Bauern lautet „Eine Kuh macht Muh, viele Kühe machen Mühe."

EIN FUßBALLSPIEL DAUERT NEUNZIG MINUTEN
Der ehemalige Trainer der deutschen Fußballnationalmannschaft, Sepp Herberger, war

bekannt für seine scheinbar trivialen, aber doch tiefgründigen und vor allem prägnanten Epigramme. Die Einsicht, dass man nicht zu früh jubeln solle, auch wenn man auf der Gewinnerstraße ist, dass man immer damit rechnen müsse, dass der Gegner noch mal zurückkommt, hieß bei ihm einfach „Ein Fußballspiel dauert neunzig Minuten." > DER NÄCHSTE GEGNER IST IMMER DER SCHWERSTE

EIN PASTOR DARF ÜBER ALLES PREDIGEN, NUR NICHT ÜBER …

In protestantischen Kirchen hing früher neben der Kanzel eine Uhr. Eine solche Kanzeluhr sollte den Prediger ermahnen, sich kurz zu fassen. Viele redefreudige Geistliche beanspruchten nämlich die Aufnahmefähigkeit ihrer Gemeinde allzu sehr. Es gab Kanzelsanduhren, bei denen das erste Glas eine Viertelstunde, das zweite eine halbe Stunde, das dritte eine Stunde lief. Der zur Kanzeluhr passende Ausspruch, Luther zugeschrieben (zumindest dem Sinn nach) lautet: „Ein Pastor darf über alles predigen, nur nicht über 15 Minuten."

EISENBAHNSCHWÄBISCH

Eine dialektale Einfärbung der Sprache ist in Deutschland auch heute noch die Regel. Aber die Dialekte konvergieren, und die Dialektsprecher bedienen sich jetzt meist einer abgetönten, weniger auffälligen Variante, die eher allgemeinverständlich ist. Eine solche Variante nennt man *Eisenbahnschwäbisch*. Das Wort hatte zuerst negative Untertöne, wird jetzt aber auch neutral gebraucht.

EISHEILIGE

Im Mai kann es in Deutschland noch einmal richtig kalt werden, winterlich kalt. Es gibt sogar noch einmal Gefahr von Nachtfrost. Gärtner empfehlen häufig, Sommerblumen nicht vor dieser Periode zu pflanzen. Die Blumen könnten den Frost nicht überstehen. Diese Periode fällt oft auf die Tagesheiligen Pankratius, Servatius und Bonifatius, die Tagesheiligen des 12.-14. Mais. Die sind, zusammen mit der „Kalten Sophie", die den Abschluss bildet, die „Eisheiligen".

ELCHTEST

Wenn ein neues Auto auf den Markt kommt, wird es getestet. Diese Tests finden häufig in Schweden statt und heißen *Elchtests*. Man will wissen, wie gut die Autos ausweichen können, wenn plötzlich ein Hindernis erscheint, z.B. ein Elch. Als Mercedes seine neuen Fabrikate der A-Klasse einführte, wurden auch diese Elchtests durchgeführt. Viele Autos kippten um. Sie hatten den Elchtest nicht bestanden. Die Schweden nannten die neuen Fabrikate ironisch *Vält-Klasse*. Das klingt wie *Weltklasse*, bedeutet aber etwas anderes, denn *välta* heißt 'umkippen'.

ELEFANTENRUNDE

Am Abend einer Bundestags- oder Landtagswahl findet im öffentlichen Fernsehen in der Regel eine Gesprächsrunde statt, in der führende Politiker der Parteien, etwa zwei Stunden nach Schließung der Wahllokale, auftreten und das Wahlergebnis ihrer Partei analysieren und kommentieren (und gelegentlich schönreden). Wegen des Gewichts der beteiligten Politiker heißt diese Runde im Volksmund *Elefantenrunde*.

ELF FREUNDE MÜSST IHR SEIN, …

Der Siegespokal für den Deutschen Fußballmeister war vor dem Krieg eine geflügelte Victoria. Der Pokal wurde von 1903 bis 1944 vergeben, danach galt die Victoria lange als verschollen und tauchte erst nach der Wende auf geheimnisvollen Wegen wieder auf. Sie steht heute im Deutschen Fußballmuseum in Dortmund. In den Sockel der Statue ist das Motto eingraviert „Elf Freunde müsst ihr sein, wenn ihr Siege wollt erringen". Der Ausspruch auf dem Pokal spiegelt ein Ideal des Zusammenhalts im Fußball wider, das schon damals etwas zweifelhaft war und heute, in Tagen des Profifußballs mit hochdotierten Spielern und alles bestimmenden wirtschaftlichen Interessen, seine Gültigkeit endgültig verloren hat. Der erste Gewinner der Victoria war 1903 der VfB Leipzig, der letzte der Dresdner SC 1944. Nicht vergeben wurde der Pokal von 1915 bis 1919 wegen des Ersten Weltkriegs. Keinen Meister gab es 1922. Das kam so: Das Endspiel bestritten der Hamburger SV und der 1. FC Nürnberg. Am Ende des Spiels stand es 2:2. Nach mehreren

Verlängerungen und einer Unterbrechung wegen eines Wadenkrampfs des Schiedsrichters stand es nach drei Stunden immer noch 2:2. Das Wiederholungsspiel endete nach regulärer Spielzeit 1:1. Zur Mitte der Nachspielzeit war Nürnberg durch zwei Verletzungen und zwei Platzverweise auf sieben Spieler reduziert. Der Schiedsrichter pfiff das Spiel ab. Es wurde entschieden, in diesem Jahr keinen Deutschen Meister auszurufen.

ERDBEERKÖRBCHEN

Erdbeerkörbchen ist eine ironische Bezeichnung für den Golf Cabrio, dessen Überrollbügel an den Trageriemen eines Erdbeerkörbchens erinnert.

> KNUTSCHKUGEL

ES GEHT HURTIG DURCH FLEIß

Ein Merkspruch für die Töne, die auf die Linien eines Notenblatts geschrieben werden. Die Anfangsbuchstaben ergeben die Noten von unten nach oben: E - G - H - D - F. Für die Noten zwischen den Zeilen F - A - C - E gibt es den Merkspruch „Fritz aß Citronen Eis". Solche

Eselsbrücken gibt es für alle möglichen Bereiche.

> WELCHER SEEMANN LIEGT BEI NELLY IM BETT?

ES IST EIN MÄDCHEN

Bei der Geburt eines Kindes ist der klassische Satz: „Es ist ein Mädchen" oder „Es ist ein Junge". Das war jedenfalls so, bevor man das Geschlecht des Kindes schon vor der Geburt kannte. Als Angela Merkel 2005 zur Bundeskanzlerin gewählt wurde, hatte die *Tageszeitung* als Titel auf der ersten Seite den Satz: „Es ist ein Mädchen". Angela Merkel war die erste Bundeskanzlerin und war von ihrem politischen Ziehvater, Helmut Kohl, „das Mädchen" genannt worden.

ESZETT

Eszett ist der Name des Buchstabens ß, des einzigen Buchstabens des lateinischen Alphabets, der ausschließlich für das Deutsche verwendet wird. Das ß gibt das stimmlose, also das „scharfe" s wieder (*bloß, weiß*) und damit denselben Laut wie das *ss* (*Messer, krass*). Zum Gebrauch von ß bzw. *ss* gibt es verschiedene Regeln, von denen die wichtigste lautet, dass *ß* nach langen und *ss* nach kurzen Vokalen steht. So kann man auch in der Schrift Wörter wie *Maße* und *Masse* oder *Buße* und *Busse* voneinander unterscheiden (in der Schweiz, wo das *ß* nicht verwendet wird, ist das nicht der Fall). Seit der viel verleumdeten Rechtschreibform wird diese Regel konsequenter angewandt als früher, so dass wir heute *dass* schreiben und nicht mehr *daß*. Das *ß* hat seinen Ursprung in einer Ligatur von *s* und *z* (daher sein Name) oder von *s* und *ſ*, also zwei Formen von *s*. Auf alten Straßenschildern findet man noch gelegentlich die Schreibweise *Strasſe*. Da *ß* eine gewisse Ähnlichkeit mit dem griechischen *β* (Beta) hat, wird das *ß* im Ausland, wo man den Buchstaben nicht kennt und wo er nicht auf der Tastatur steht, manchmal für ein *b* gehalten, so dass man Wörter wie *Weibe* statt *Weiße* zu lesen bekommt.

EURONEN

Das Wort *Euronen* benutzt man scherzhaft für Euros: "Ich habe ein günstiges Hotel gefunden, gerade mal 40 Euronen pro Nacht."

EVANGELISCHER KATHOLIKENTAG

Sowohl die Katholiken als auch die Protestanten halten in regelmäßigen Abständen in verschiedenen Städten ihren Kirchentag ab. Der katholische Kirchentag ist der Katholikentag. Die ironische Bezeichnung für den evangelischen Kirchentag ist *Evangelischer Katholikentag.*

EWG

EWG stand für *Europäische Wirtschaftsgemeinschaft*, einem der Vorläufer der EU. Es stand aber auch für *Einer wird gewinnen*, einer Samstagsabendshow aus der frühen Zeit des bundesdeutschen Fernsehens. Der Titel war vielleicht nicht umsonst gewählt, denn die meisten der acht Kandidaten jeder Sendung kamen tatsächlich aus der EWG. Der Gewinner bekam 8.000 DM, in einem Aktenkoffer. Der Showmaster war Hans-Joachim Kulenkampff. Der erfreute sich großer Popularität, so sehr, dass er es sich leisten konnte, die Sendung immer wieder um Längen zu überziehen. Als er im Oktober 1984 zum zweiten Mal in 31 Jahren, statt zu überziehen, früher fertig war, sagte er in gewohnt jovialem Ton zum Publikum, aber an die Verantwortlichen gerichtet: „Jetzt überlegt euch mal, Kinder, was ihr in den neun Minuten machen wollt." Die ARD war darauf nicht vorbereitet. Sie sendete neun Minuten lang das Logo der ARD.

EXPORTWELTMEISTER

Deutschland gilt als Exportweltmeister. Jedenfalls in Deutschland. Das stimmt auch. Aber es stimmt auch nicht. Es stimmt in absoluten Zahlen (jedenfalls in gewissen Jahren), nicht aber in relativen Zahlen. Relativ, gemessen an der Zahl der Einwohner, exportieren die Niederlande mehr als Deutschland. Und Belgien und Kanada auch. Der Titel *Exportweltmeister* gilt außerdem nur für Waren, nicht für Dienstleistungen. Da liegen die USA vorne. Außerdem: Deutschland exportiert viele Waren, die es erst importiert, jedenfalls deren Einzelteile. Überspitzt gesagt: Deutschland importiert Güter, verpackt sie neu und exportiert sie dann. Also: Deutschland ist Exportweltmeister, aber nicht der einzige. Und nicht immer.

FORTSCHRITTSPARADOX

Mehr Wohlstand bedeutet nicht automatisch mehr Wohlbefinden: In Deutschland hat sich, wie in den anderen westlichen Industrieländern, der Wohlstand in den letzten 50 Jahren mindestens verdoppelt, aber die Zahl der Deutschen, die sich als glücklich bezeichnen, ist gleichgeblieben. Das bezeichnet man als *Fortschrittsparadox*. Eine der Erklärungen ist der Vergleichsstress: Wir vergleichen uns nicht mit unseren Eltern, sondern mit unseren Nachbarn. Das erklärt auch die Unzufriedenheit der Ostdeutschen: Sie vergleichen sich jetzt nicht mehr mit Polen und Russen, sondern mit den Westdeutschen. Man fühlt sich als Verlierer, auch wenn man besser dasteht als vorher.

FORUM GEHT'S DENN?

In der DDR waren Handwerker und ihre Dienste sehr begehrt. Man konnte sie manchmal nur verpflichten, wenn man Westgeld hatte. Die codierte Frage nach dem Preis lautete: „Forum geht's denn?" in Anlehnung an „Worum geht's denn?" Mit *Forum* waren die Forum-Schecks

gemeint, die Schecks, in die in der DDR die
westliche D-Mark umgewandelt wurde.

FRANKENWEIN – KRANKENWEIN

Schon in der Antike wurden bestimmte Weine bei
verschiedenen Krankheiten und Gebrechen
verordnet. In Deutschland erlangte im Mittelalter
der Frankenwein den Ruf, besondere
Heilswirkung zu erzielen. Das ging auf die
Beobachtung zurück, dass die Inzidenz von Pest
und Cholera in Franken niedriger war als in
anderen Gegenden. Daher kommt „Frankenwein –
Krankenwein".

FREIE FAHRT FÜR FREIE BÜRGER

Deutschland ist eins der wenigen Länder, in
denen es keine Geschwindigkeitsbegrenzung auf
Autobahnen gibt. Jedenfalls keine generelle
Geschwindigkeitsbegrenzung. Tatsächlich gibt es
auf vielen Strecken zeitweilige oder permanente
Geschwindigkeitsbegrenzungen, und außerdem
erlaubt der starke Verkehr oft kein schnelles
Fahren. Die Einführung einer generellen
Geschwindigkeitsbegrenzung wird immer wieder

diskutiert, ist aber umstritten. Ebenso umstritten ist ein Slogan, mit dem gelegentlich für eine unbegrenzte Geschwindigkeit geworben wird: „Freie Fahrt für freie Bürger!"

FÜNFPROZENTHÜRDE

Bei den Wahlen zum Bundestag und den Landtagswahlen gilt die Fünfprozenthürde. Das bedeutet, dass Parteien, die nicht mindestens 5% der Stimmen bekommen, in der Regel gar nicht in das Parlament kommen. Die Fünfprozenthürde ist beim Volk allgemein akzeptiert, aber unter Verfassungsrechtlern umstritten. Sie verstoße gegen das Prinzip der Gleichheit, wird argumentiert. Tatsächlich werden viele Stimmen gar nicht berücksichtigt. Bei der Bundestagswahl können das Millionen von Stimmen sein. Die Wähler der Parteien, die nicht ins Parlament kommen, werden doppelt bestraft: Erstens fällt ihre Stimme unter den Tisch, und zweitens kommt sie indirekt den anderen Parteien zugute. Die bekommen mehr Abgeordnete als ihnen prozentual zukommen würde. Außerdem entscheiden sich viele Wähler wegen der

Fünfprozenthürde gegen eine kleine Partei. Als Begründung für die Fünfprozenthürde wird oft die Zersplitterung des Parlaments in der Weimarer Republik angeführt, als es keine solche Hürde gab. Als Lehre daraus habe man nach dem Krieg die Fünfprozenthürde eingeführt. Ganz stimmt das aber nicht. Bei den ersten Bundestagswahlen nach dem Krieg gab es bundesweit keine Fünfprozenthürde. Die wurde dann von der Regierung Adenauer eingeführt. Dahinter stand die Absicht, zu verhindern, dass die *KPD*, die *Kommunistische Partei Deutschlands*, wieder ins Parlament komme. Der Coup gelang. > KANZLER DER ALLIIERTEN

FÜR EINE SCHACHTEL CHESTERFIELD …

Nach dem Krieg waren die Regale leer. Es gab Geld, aber es gab nichts zu kaufen. Aber man konnte tauschen. Auf dem Schwarzmarkt. Man tauschte alles. Mäntel gegen Zucker, Mehl oder Schnaps. Kaffee und Butter waren Luxuswaren. Gezahlt wurde mit der Zigarettenwährung: 1 Zigarette = 15 Reichsmark. Ein Brot kostete 150, ein Pfund Butter 450 Zigaretten. Die

Amerikaner machten mit. Sie wollten Schmuck, Uhren, Photoapparate. Die Dienstleistung Sex gehörte auch zu den Tauschobjekten. Der bitterböse Spottreim dazu hieß: „Für eine Schachtel Chesterfield, / da machst Du meine Schwester wild. / Für eine Schachtel Lucky Strike, / da macht sie gleich die Beine breit."

Fußball ist wie Schach …

Ein deutscher Fußballprofi – der sich allerdings erfolgreich gegen diese Behauptung wehrte – soll Fußball und Schach so miteinander verglichen haben: Fußball ist wie Schach – nur ohne Würfel.

Fußgängerzone

Die erste Fußgängerzone der Welt wurde 1953 in Kiel angelegt. Nach der Sperre der Oberen Holsteinstraße für Autos durfte die irgendwann auch nicht mehr von der Straßenbahn befahren werden. Der Kieler Stadtbaudirektor Herbert Jensen hatte die Idee schon 1941 zur Diskussion gestellt.

GEISTIG-MORALISCHE WENDE

Helmut Kohl trat 1982 seine Kanzlerschaft an mit dem Anspruch, eine „geistig-moralische Wende" für Deutschland herbeizuführen, ein hehrer Anspruch, den er nicht einlöste und auch nicht einlösen konnte. So weit reicht die Macht von Regierungen, Politikern und Kanzlern nicht.
> BLÜHENDE LANDSCHAFTEN

GELBE ENGEL

Der *ADAC*, der *Allgemeine Deutsche Automobil-Club*, ist der größte deutsche Automobilclub. Der ADAC hat mehr Mitglieder als alle Gewerkschaften zusammen. Viele halten das für bezeichnend für die Gesellschaft des Deutschlands der Nachkriegszeit. Die Farbe des ADAC ist gelb, und gelb sind auch die Autos des ADAC, die Autos, die Pannenhilfe leisten. Dieser Service wird von vielen Autofahrern sehr geschätzt. Die Autos bzw. die Helfer heißen im Volksmund *Gelbe Engel*.

GENERATION ACHTUNDSECHZIGER

Die *Generation Achtundsechziger* ist benannt nach

dem Jahr 1968, dem Jahr des Beginns der
Studentenproteste. Diese Generation gilt als
rebellisch, unangepasst, politisch. Sie wollte die
engen moralischen Werte der Adenauerzeit hinter
sich lassen, neue Lebensformen ausprobieren,
sich der nationalsozialistischen Vergangenheit
Deutschlands stellen. Tatsächlich gilt das längst
nicht für alle Angehörigen dieser Generation. Viele
waren Mitläufer oder angepasst. Das Bild wird in
erster Linie geprägt von der akademischen Linken
der Zeit. Die Generation Achtundsechziger hat in
Deutschland viel bewirkt, viel verändert, aber
nicht unbedingt das, was sie verändern wollte.

GENERATION FLAKHELFER

Die *Generation Flakhelfer* umfasst diejenigen, die
im Krieg Jugendliche waren. Benannt ist sie nach
denen, die noch am Ende des Kriegs, in letzter
Minute, als Helfer bei der Flak, der Flugabwehr,
eingezogen wurden. Die Angehörigen dieser
Generation waren zu jung, um für den
Nationalsozialismus in Verantwortung gezogen zu
werden. Und diese Generation war im Gegensatz
zu der Generation ihrer Väter kaum dezimiert.

Nach dem Krieg trugen die Angehörigen dieser Generation maßgeblich zum Wiederaufbau und zum wachsenden Wohlstand der Bundesrepublik bei. Sie gelten als arbeitsam, materialistisch, bodenständig, konservativ, aber zukunftsorientiert.

GENERATION GOLF

Der Begriff *Generation Golf* wurde geprägt von Florian Illies, dem Schriftsteller, der sich selbst als Angehöriger dieser Generation versteht. Die Generation ist benannt nach dem VW-Golf, dem prägenden Auto dieser Zeit, der Zeit der achtziger Jahre, in denen diese Generation jung war. Sie gilt als hedonistisch, politisch eher indifferent, konsumfreudig. Sie möchte den Wohlstand, den ihre Eltern erwirtschaftet haben, genießen. Mode stand hoch im Kurs, Marken wurden immer wichtiger, Retro war angesagt. Es handelt sich, vereinfacht gesagt, um wohlbehütete Wohlstandskinder.

GENOSSE DER BOSSE

1998 wurde Gerhard Schröder Bundeskanzler. Er

war der erste Bundeskanzler der "Genossen", der SPD, seit Helmut Schmidt, seit 1982. Als er Bundeskanzler wurde, sagte Schröder, er wolle keine Politik gegen die Wirtschaft machen, gegen die "Bosse". So war es dann auch. Schröder zeigte sich gerne in Präsenz der Bosse und schien ihre Interessen genauso zu berücksichtigen wie die der klassischen Klientel der SPD. Daraus resultierte sein Beiname *Genosse der Bosse.* > KANZLER DER ALLIIERTEN

GNADE DER SPÄTEN GEBURT

Ein missverständliches und daher umstrittenes Wort des Bundeskanzlers Helmut Kohl. Mit der späten Geburt, der Geburt nach 1930, meinte Kohl, werde man von der Verantwortung für die nationalsozialistischen Gräueltaten freigesprochen. Man war unschuldig, wenn man in der Nazizeit Kind oder Jugendlicher war. Kohl glaubte, seine späte Geburt gebe ihm Standfestigkeit und erlaube ihm etwa einen unbefangenen Umgang mit Israel. Es war aber der Eindruck entstanden, Kohl gewähre sich selbst und seiner ganzen Generation den Ablass. Kohl stellte später klar, dass mit *Gnade* nichts anderes als der Zufall des Geburtstags gemeint sei.

GRETCHENFRAGE

Eine Frage, die schwer zu beantworten ist, nennt man *Gretchenfrage*. Auch eine Frage, die man nicht gerne beantworten will, nennt man *Gretchenfrage*. Das Wort bezieht sich auf eine Frage aus Goethes *Faust*. Gretchen ist ein einfaches Mädchen, Faust ein Gelehrter. Gretchen glaubt an das, was sie in ihrer Familie gelernt hat, Faust hat Zweifel an allem. Faust wirbt um Gretchen, und Gretchen gibt seinem Werben am Ende nach. Als sie sich zum ersten Mal geküsst haben, stellt sie ihm eine Frage, die für sie wichtig ist. "Nun sag, wie hast du's mit der Religion?". Sie hat Zweifel an Fausts Religiosität. Zu Recht. Er hat Zweifel am Glauben. Aber will Gretchen die Wahrheit nicht zumuten. Trotz seiner Zweifel ist er auch kein Atheist, also ist die Frage auch schwer zu beantworten. Faust findet eine Lösung. Er beantwortet die Frage nicht direkt, sondern gibt Gretchen eine lange, ausweichende Antwort, die so geschickt formuliert ist, dass Gretchen zustimmen kann, ohne dass Faust die Unwahrheit sagen muss. Das ist die ursprüngliche Gretchenfrage. Heute kann eine Gretchenfrage sich auf jedes Thema beziehen, nicht nur auf die Religion.

GUTEN RUTSCH!

In Deutschland heißt der letzte Tag des Jahres *Silvester*. Der Tag ist benannt nach dem Tagesheiligen, dem Hl. Silvester. Am Silvestertag und in den Tagen davor wünscht man sich „Guten Rutsch!" Dieser Ausdruck ist noch relativ jung, gerade mal gut einhundert Jahre alt. Aber warum *Rutsch*? Das klingt nicht sehr plausibel. Es sei denn, man stellt sich vor, dass man ins neue Jahr „rutscht". Aber das ergibt keinen Sinn. Woher kommt der Ausdruck dann? Viele vermuten, aus dem Jiddischen, von dem Jiddischen Wunsch *roscheschone*, verwandt mit dem Hebräischen *rosch haschana*, dem Wort für das Neujahrsfest. Doch daran gibt es Zweifel. Eine andere Erklärung lautet, dass *Rutsch* für ‚Reise' steht. Man wünscht sich also „eine gute Reise" ins neue Jahr.

HADSCHI HALEF OMAR

Sein kompletter Name lautet Hadschi Halef Omar
Ben Hadschi Abul Abbas Ibn Hadschi Dawud al
Gossarah. Es soll in Deutschland weiterhin
Jungen (und ehemalige Jungen) geben, die den
ganz Namen auswendig aufsagen können.
Hadschi Halef Omar ist eine der Figuren aus den
Abenteuerromanen des als Person wie als
Schriftsteller umstrittenen, aber faszinierenden
Karl May. Der hatte die Gabe, ferne Länder (den
Orient, den Wilden Westen, Mexiko) vor den
Augen des Lesers so lebendig, so glaubwürdig in
Szene zu setzen, dass man glaubte, er kenne sie
in- und auswendig. Dabei hatte er sie selbst nie
gesehen. Die exotische Umgebung, die spannende
Handlung nahmen die Phantasie deutscher
Jungen gefangen, und Karl May wurde zu einem
Klassiker in deutschen Jungenschlafzimmern
(und gelegentlich auch Mädchenschlafzimmern),
wo es keine Seltenheit war, alle Bände von Karl
May, über 60, auf dem Bücherregal stehen zu
sehen. Hadschi Halef Omar tritt in den ersten
sechs Bänden auf, den Orient-Romanen. Er ist
der arabische Diener des Helden, Kara Ben

Nemsi. Er dient seinem Herrn und lässt
außerdem dessen Verdienste und Tugenden ganz
besonders hervorstechen. Der Name *Kara Ben
Nemsi* ist wohl als Anspielung auf Karl May selbst
zu verstehen (Kara = Karl, Nemsi = Deutscher).
Figuren aus anderen Romanen, die teils durch
Verfilmungen auch über Deutschland hinaus
bekannt wurden, sind Winnetou und Old
Shatterhand. Sie treten in den Romanen auf, die
im Wilden Westen spielen.

HALBERSTÄDTER KIRCHENORGEL

Die Kirchenorgel in Halberstadt blieb vom
5.9.2001 bis zum 5.2.2003 stumm. Das geschah
mit voller Absicht. In Halberstadt wird ein
Musikstück von John Cage aufgeführt, und das
begann mit einer langen Pause. Am 5.2.2003
erklang dann der erste Akkord. Der dauerte bis
zum 5.7.2004. Die Gesamtlänge des Musikstücks
soll über 600 Jahre betragen. Der Ausklang ist
für 2640 vorgesehen.

HAMBURGER

Im 19. Jahrhundert wanderten viele Deutsche

nach Amerika aus, die meisten über Hamburg.
Sie verbreiteten das in Deutschland beliebte
Brötchen in den USA, und es entwickelte sich,
durchgeschnitten und mit einem Belag aus
Fleisch, zu einem regelrechten Renner bei der
Weltausstellung 1904 in St. Louis. Der Name war
zunächst *Hamburger Steak*, was dann einfach zu
Hamburger verkürzt wurde. Später wurden, in
Analogie zu *Hamburger*, auch die Wörter
Cheeseburger und *Fishburger* entwickelt, die Käse
(*cheese*) bzw. Fisch (*fish*) enthalten, und das,
obwohl der *Hamburger* keinen Schinken (*ham*)
enthält.

HAMMELSPRUNG

Wenn bei Abstimmungen im Parlament das
Ergebnis nicht eindeutig zu erkennen war, dann
wurde es überprüft, indem man die
Parlamentarier den Plenarsaal durch eine von drei
Türen betreten ließ, über denen *Ja, Nein* und
Enthaltung stand. Diese Form der Abstimmung
nennt man *Hammelsprung*. Das Wort enthält das
Bild von Schafen, die eines nach dem anderen
über eine Hürde springen und dabei gezählt

werden. Bei den heutigen elektronischen Verfahren, die bei der Abstimmung angewandt werden, hat sich dieses Verfahren überlebt. Im modernen Berliner Plenarsaal sind als Reminiszenz an vergangene Zeiten drei Türen aber weiterhin so markiert.

HARTZ V

Eine Agenda der Bundesregierung brachte 2010 eine umfassende, bis heute umstrittene Reform der Sozialgesetzgebung mit sich. Die Arbeitslosenhilfe wurde abgeschafft, Zeitarbeit und Minijobs wurden liberalisiert, und die Sozialämter wurden mit den Arbeitsagenturen zusammengelegt. Die Arbeitslosenhilfe wurde ersetzt durch eine Leistung, die im Volksmund *Hartz IV* genannt wird, nach dem Namen des Vorsitzenden der Kommission, die die Reformvorschläge erarbeitete. Der Terminus hat sich gehalten, obwohl inzwischen diese Art des Arbeitslosengesetzes nicht mehr existiert. Trotz des guten Sozialsystems in Deutschland gibt es Menschen, die durch das soziale Netz fallen und keine Leistungen vom Staat bekommen. Sie kratzen sich etwas Geld zusammen, indem sie in

Abfalleimern nach Leergut suchen, um sich das Flaschenpfand zu sichern. Diese Form der Existenzsicherung wird, eher mitleidig als zynisch, auch *Hartz V* genannt.

HÄTTE, HÄTTE – FAHRRADKETTE

Das sagt man, wenn jemand einer verpassten Chance nachtrauert. Das sei nun einmal passiert, will man damit sagen, es nutzt nichts, sich Gedanken darüber zu machen, was gewesen wäre, also: *Hätte, hätte – Fahrradkette.* Was die *Fahrradkette* hier zu suchen hat, weiß kein Mensch. Der einzige Reiz dieses Ausspruchs ist der Reim. Ein deutscher Profifußballer schlug das in den Wind und machte daraus *Wäre, wäre – Fahrradkette.* Die Profifußballer bewiesen wieder einmal, dass sie die wahren Philosophen unserer Zeit sind. > FUßBALL IST WIE SCHACH.

HAUPTSTADTDEBATTE

Nach der Wiedervereinigung war nicht klar, wo die Hauptstadt des neuen Deutschlands sein würde, in Bonn oder in Berlin. Gleichzeitig war schon klar, dass Berlin Regierungssitz und die politische Hauptstadt sein würde. Die

Bundestagsdebatte, die zu der Entscheidung über diese Frage führte, gilt auch heute noch als vorbildlich: sachlich, engagiert und unabhängig von politischer Ausrichtung und Parteizugehörigkeit. Für Bonn sprach die Tatsache, dass es keine Assoziationen mit dem Krieg und dem Nationalsozialismus hatte, sondern mit einem freien, demokratischen Deutschland verbunden wurde. Gegen Bonn sprach, dass es als provinziell galt und den Osten unberücksichtigt ließ. Die Entscheidung fiel nach langer Debatte knapp zu Gunsten Berlins aus.

HAWAII-SEE

In Bayern an der Inntal-Autobahn gibt es den *Hawaii-See*. Jedenfalls wird er von den Einheimischen so genannt. Da er an der Autobahn liegt, wurde er von den amerikanischen GIs *Highway-See* genannt. Die Einheimischen wussten nicht, was das bedeutet und verstanden *Hawaii-See*.

HB-Männchen

Das HB-Männchen, eine Zeichentrickfigur aus
einer Zigarettenwerbung, ist noch jedem in
Erinnerung, der es erlebt hat. Obwohl das schon
eine ganze Weile her ist. Werbung hinterlässt
Spuren. Werbeslogans bleiben im Gedächtnis
hängen. Im kollektiven Gedächtnis mancher
Deutscher älteren Semesters haben sich
festgesetzt: „Alle reden vom Wetter. Wir
nicht" (Deutsche Bahn), „Da werden Sie
geholfen" (Telefonauskunft), „Nichts ist
unmöglich" (Toyota), „Der Duft der großen
weiten Welt" (Peter Stuyvesant Zigaretten), „Im
Falle eines Falles klebt Uhu wirklich alles" (Uhu
Alleskleber), „Im Asbach Uralt ist der Geist des
Weines" (Asbach Uralt Weinbrand),
„Quadratisch. Praktisch. Gut" (Ritter Sport
Schokolade), „Haribo macht Kinder froh. Und
Erwachsene ebenso" (Haribo Lakritz), "Bringt
verbrauchte Energie sofort zurück" (Mars
Schokoriegel), "Er läuft und läuft und läuft und
läuft…" (VW Käfer), „Milch macht müde Männer
munter" (Milch) „Feuer, Pfeife,
Stanwell" (Stanwell Pfeifentabak), „Ein Mann.

Ein Wort. Batavia" (Batavia Zigarettentabak), „Ich gehe meilenweit für Camel Filter" (Camel Zigaretten), „Schreibste mir, schreibste ihr, schreibste auf MK-Papier" (Briefpapier von Max Kruse), „Katzen würden Whiskas kaufen" (Whiskas Katzenfutter). Und natürlich das HB-Männchen, bei dem alles schief ging, bis es zur Zigarette griff: „Halt! Wer wird denn gleich in die Luft gehen? Greife lieber zur HB, dann geht alles wie von selbst."

HEIL HITLER!

Die gängigen Begrüßungsformeln wurden während der Nazizeit durch „Heil Hitler!" ersetzt. Ein linientreuer Nazi hatte seinem Papagei beigebracht, „Heil Hitler!" zu sagen. Wenn Besucher ins Haus kamen, wurden sie mit „Heil Hitler!" begrüßt. Der Papagei wurde gelobt und mit Leckerbissen belohnt. Nach der Kapitulation war es nicht mehr angebracht, „Heil Hitler!" zu sagen, aber der Papagei zeigte sich unbeeindruckt davon und blieb bei seinem „Heil Hitler!" Sein Besitzer versuchte, ihm einen anderen Gruß beizubringen – vergeblich. Dann setzte man ihn aus, aber der Papagei kehrte zurück. Schließlich entzog man ihm die Nahrung. Aber das hatte genau den gegenteiligen Effekt. Der Papagei war es gewohnt, belohnt zu werden, wenn er „Heil Hitler!" sagte und rief jetzt nur noch lauter „Heil Hitler!" Sein Besitzer versuchte, den Papagei zu verstecken, so gut es ging, musste aber noch jahrelang mit seiner Vergangenheit leben. Das Wort *heil* selbst, unabhängig vom Hitlergruß, hat eine lange Geschichte und ist verwandt mit engl. *whole.* Wenn man *heilfroh* ist, dann ist man *ganz und gar* froh, eine Sache überstanden zu haben, *mit heiler Haut* davongekommen zu sein. In der Sprache der Kirche war *heil* das Grundwort für den *Heiland* und für das *Heilige.* Das Substantiv *Heil* ging einen anderen Weg. Es wurde zum Trinkgruß. *Heil!* bedeutete so etwas wie *Prost!* Erst später wurde es zum Grußwort. Bei Shakespeare grüßen die Hexen Macbeth mit „Hail, Macbeth!" Damit wünschten sie, genauso wie man es mit „Heil!" tat, Gesundheit und Glück, was ursprünglich dasselbe war. Dass dieser Gruß später mit so viel *Unheil* verbunden sein würde, ahnte man damals noch nicht.

HEILIGE DREI KÖNIGE

Voltaire sagte über das alte deutsche Reich, das Heilige Römische Reich deutscher Nation, es sei weder heilig noch römisch noch ein Reich. Das gleiche gilt für die Heiligen Drei Könige. Sie sind weder heilig noch drei noch Könige. In der katholischen Kirche gehören sie nicht zum Kanon der Heiligen, ihre Zahl wird in der Bibel nicht genannt, und sie waren keine Könige, sondern Gelehrte, Astronomen. Eine alte deutsche Tradition, die Sternsinger, setzt sich über diese historischen Fakten hinweg, was ihren Wert aber nicht vermindert. Die Sternsinger ziehen in den Tagen vor dem Dreikönigsfest, dem 6. Januar, von Haus zu Haus, sagen Reime auf und sammeln Geld für einen karitativen Zweck. Dabei bringen sie an der Haustür Kreidezeichen (oder heute oft eine bedruckte Banderole) an mit den Symbolen C + M + B und der Jahreszahl. Die Inschrift wird oft verstanden als *Caspar + Melchior + Balthasar*, steht aber eigentlich für *Christus mansionem benedicat – Christus segne dieses Haus.*

HEILIGER ST. FLORIAN

Der Heilige Florian, meist als römischer Legionär
mit Wasserkübel vor einem brennenden Haus
dargestellt, ist dem traditionellen Volksglauben
zufolge der Schutzpatron gegen Feuersbrünste. Er
wird angerufen, um zu verhindern, dass Haus
und Hof abbrennen. Ein besonders frommer
Anruf ist „Heiliger Sankt Florian, / Beschütz mein
Haus, zünd andere an."

HERMANN DER CHERUSKER

Hermann der Cherusker gewann im Jahre
9 n. Chr. die Schlacht im Teutoburger Wald gegen
die Römer, gegen die Truppen des Varus. Diese
Schlacht gehört zu den großen Mythen der
deutschen Geschichte: David besiegt Goliath, die
einfachen, mit Herz kämpfenden Germanen
besiegen die übermächtigen Römer und stoppen
deren Expansionsdrang. Hermann wurde zum
„Retter Germaniens" und später zum „Befreier
Deutschlands". Ganz so war es nicht: Hermann
hieß gar nicht *Hermann*, sondern *Arminius*, und
war gar nicht römerfeindlich, sondern selbst
Römer. Er befehligte eine eigene Truppe, die die

römischen Legionen unterstützte. Dass er letztlich zum Anführer einer Rebellion gegen die Römer wurde, hatte wahrscheinlich innenpolitische Gründe: Als Anführer einer Rebellion konnte er sich in der Konkurrenz mit anderen Stammesführern einen Vorteil verschaffen. Er konnte gar nicht zum „Retter Germaniens" werden, denn ein geeintes Germanien gab es nicht. Es gab ständig Konflikte innerhalb der Stämme und zwischen den Stämmen. Die Germanen sahen sich nicht als Germanen und bezeichneten sich auch nicht so, sondern als Markomannen und Cherusker, als Friesen und Sueben, als Chatten und Langobarden. Die unhistorische Gleichsetzung von *Germanen* und *Deutschen* setzte sich erst in der frühen Neuzeit durch. Arminius jedenfalls lockte die Truppen des Varus, die auf dem Weg ins Winterquartier waren, in einen Hinterhalt, in den Teutoburger Wald. In dem unwegsamen Gelände und auf den engen Wegen konnte sich der römische Tross, ca. 15 km lang und aus ca. 15.000 Legionären und ca. 5.000 Frauen, Kindern und Sklaven bestehend, nur langsam fortbewegen. Das nutzte Arminius

aus und konnte die Römer letztendlich schlagen.
Im 19. Jahrhundert wurde er zum nationalen
Helden stilisiert, wurde zu *Hermann* und bekam
ein monumentales Denkmal bei Detmold im
Teutoburger Wald. Nach seinem Namen *Arminius*
ist der Bielefelder Fußballverein *Arminia* benannt.
Arminius' Gattin hieß *Thusnelda*. Ihr verdanken
wir das Wort *Tussi*.

HERTHA BSC

Ein Fußballverein mit einem weiblichen
Vornamen im Vereinsnamen. Wie kam es dazu?
Im Jahre 1892 machten einige Herren, die einen
Fußballverein gründen wollten, eine Dampferfahrt
auf einem Ausflugsschiff. Dieser Dampfer hieß
Hertha. So nannten sie ihren Club. Der
fusionierte später mit dem Berliner Sport-Club,
also hieß der neue Verein *Hertha BSC*. Eigentlich
ist *Hertha* der Name einer germanischen
Erdgöttin, der *Terra Mater*. Ihr Name wurde
allerdings falsch gelesen. Sie hieß gar nicht
Hertha, sondern *Nerthus*. Der Verein müsste also
Nerthus BSC heißen. > ZECKE NEUENDORF

HERZ-JESU-MARXISTEN

Die CDU ist eine konservative Partei. Sie hat verschiedene Flügel, darunter einen wirtschaftsliberalen Flügel und einen arbeitnehmerfreundlichen Flügel. Viele der Mitglieder dieses Flügels sind in der *CDA* organisiert, der *Christlich-Demokratischen Arbeitnehmerschaft*. Der inhaltliche Schwerpunkt dieses Flügels liegt auf der Gesellschaftspolitik. Die Vertreter dieses Flügels fühlen sich der katholischen Soziallehre des 19. Jahrhunderts verpflichtet. Da sie das Soziale mit dem Christlichen verbinden, werden sie von anderen, vor allem von den Liberalen, als *Herz-Jesu Marxisten* verspottet.

HITZEFREI

An besonders heißen Tagen gibt es an deutschen Schulen gelegentlich, aber nicht so oft wie von den Schülern gewünscht, hitzefrei. Dann fällt die letzte oder fallen die beiden letzten Schulstunden des Tages aus. Die Ankündigung wird ausnahmslos mit lautem Jubel entgegengenommen. An der Schule kann einem

alles auf die Nerven gehen: der Hinweg, der
Unterricht, die Klassenarbeiten, die Lehrer, das
Klassenbuch, die Lehrbücher, die Vokabelhefte,
der Rückweg, die Hausaufgaben, die Mitschüler
und sogar die Pausen – nur eins nicht: hitzefrei.

HOLLAND

Holland ist bekanntlich nur ein Teil der
Niederlande. Holland umfasst nur zwei der zwölf
Provinzen der Niederlande, *Noord-Holland* und
Zuid-Holland. Trotzdem sagen wir manchmal
Holland, wenn wir die Niederlande meinen. Die
Holländer beklagen sich darüber, aber zu
Unrecht. Schließlich singen sie im Fußballstadion
selbst „Hup, Holland, hup!" Es ist völlig normal,
dass man ein Wort metonymisch für ein anderes
gebraucht, das damit im Zusammenhang steht.
Das gilt auch für Ländernamen. Wir, auch die
Holländer, sagen gelegentlich *England*, wenn wir
Großbritannien meinen (oder genauer gesagt das
Vereinigte Königreich), und auch Holländer sagen,
genauso wie wir, gelegentlich *Amerika*, wenn sie
die USA meinen. *Amerika* wird so sehr mit den
USA gleichgesetzt, dass der folgende Dialog eher
Verblüffung auslöst: „Ich war in Amerika. – Wo

denn? – In Kolumbien." Wir werden also weiterhin *Holland* sagen, wenn wir die Niederlande meinen. Übrigens sind die *Niederlande* nicht nur im Deutschen Plural, sondern auch im Englischen (*The Netherlands*), im Spanischen (*Los Países Bajos*), im Griechischen (Κάτω Χώρες), im Russischen (Нидерла́нды), im Schwedischen (*Nederländerna*). Nur im Niederländischen nicht. Da sagt man *Nederland* – im Singular.

Ich bin Floh, wenn ich Laus bin

Witziges Wortspiel, einem Chinesen in den Mund gelegt. Das Wortspiel spielt mit der Schwierigkeit der Chinesen, zwischen *l* und *r* zu unterscheiden. Demnach klingt der Satz „Ich bin froh, wenn ich raus bin" im Munde eines Chinesen wie „Ich bin Floh, wenn ich Laus bin."

Ich habe fertig

In einer Pressekonferenz knüpfte sich Giovanni Trapattoni, damals Trainer von Bayern München, in aller Öffentlichkeit seine Spieler vor. Die Bayern waren drei Spiele lang ohne Sieg geblieben, und es kam Kritik an der Spielweise auf. Trapattoni redete sich in Rage und schoss ein sprachliches Feuerwerk ab, mit dem er die Zuhörer in seinen Bann schlug. Die Regeln einer Pressekonferenz hielt Trapattoni dabei genauso wenig ein wie die Regeln des Deutschen. Damit schrieb er Geschichte. Einige Fetzen der Rede („Was erlauben Strunz?" „Schwach wie eine Flasche leer") klingen Fußballinteressierten noch heute in den Ohren. Ein kurioses sprachliches Detail wird dabei gerne übersehen: Das italienische Wort für *Flasche* ist *fiasco*! Und es war ein echtes Fiasko, was seine Mannschaft da auf dem Fußballplatz erlebt hatte. Trapattoni beendete seine Rede mit dem legendären Satz „Ich habe fertig", ein Satz, der trotz der von der Norm abweichenden Grammatik („Ich bin fertig") längst Eingang in die Alltagssprache gefunden hat.

> BUTTER BEI DIE FISCHE

ICH KOMM ZUM GLÜCK AUS OSNABRÜCK

Osnabrück ist eine eher „normale" Stadt in Niedersachsen. Sie leidet unter dem Image der grauen Maus. Aber bei einer Umfrage des *Sterns* ergab sich 2004, dass Osnabrück die Stadt mit den glücklichsten Menschen in Deutschland ist. Daraufhin prägte Osnabrück das Motto „Ich komm zum Glück aus Osnabrück." > UND GOTT ERSCHUF IN SEINEM ZORN …

IM OSTEN GEHT DIE SONNE AUF …

Um sich zu merken, wo die Sonne im Laufe eines Tages steht, sagt man „Im Osten geht die Sonne auf, zum Süden nimmt sie ihren Lauf, im Westen muss sie untergehen, im Norden ist sie nie zu sehen." Das stimmt streng genommen nicht ganz, denn wenn man den Lauf der Sonne während des Jahres beobachtet, dann wird man feststellen, dass Sonnenaufgangs- und Ostpunkt ebenso wie Sonnenuntergangs- und Westpunkt die meiste Zeit des Jahres voneinander abweichen. Ebenso unterscheiden sich die Höchststände zur Mittagszeit im Süden. So geht die Sonne am Sommeranfang (21. Juni) im Nordosten auf, hat den höchsten Mittagsstand und verschwindet im Nordwesten. Am Winteranfang (21. Dezember) dagegen geht sie im Südosten auf, hat den niedrigsten Mittagsstand und geht im Südwesten unter. Nur am 21. März (Frühlingsanfang) und

23. September (Herbstanfang) fallen
Sonnenaufgangs- und Sonnenuntergangspunkt
mit dem Ost- und Westpunkt zusammen, und der
Mittagsstand nimmt den Mittelwert zwischen
denen des Sommer- und Winteranfangs ein.

INDIANER KENNT KEINEN SCHMERZ

In den guten alten Tagen wurden Jungen, die sich
wehgetan hatten, von Eltern ermuntert, sich auf
die Zähne zu beißen und dem Schmerz keine
Chance zu geben, so wie das, wie man glaubte,
auch die Indianer taten: „Indianer kennt keinen
Schmerz."

JA, GIBT ES DENN ...?

Bei der Fußball-Weltmeisterschaft 1982 spielte
Deutschland im ersten Spiel gegen Algerien. Die
Sportschau hatte zwei Algerier eingeladen, die in
Deutschland lebten. Der Moderator fragte am
Ende des Interviews den ersten Algerier nach
seinem Tipp für das Spiel. Der sagte: „2:1 für
Algerien." Dann fragte der Moderator auch den
anderen Algerier. Der sagte: „2:1 für
Algerien." Daraufhin brach es aus dem Moderator

heraus: „Ja, gibt es denn in ganz Algerien keinen Realisten?". Das Spiel endete 2:1 für Algerien.

JAMAIKA

Jamaika ist in Deutschland nicht nur ein Land, sondern auch eine politische Konstellation, eine Koalition der drei Parteien, die man mit den Farben der Flagge von Jamaika verbindet: Schwarz (CDU), Gelb (FDP), Grün (Die Grünen). Auf Landesebene gab es Jamaika zuerst 2009 im Saarland, danach in Schleswig-Holstein. Beide Regierungen wurden später abgewählt. Im Bund gab es 2017 lange Sondierungsgespräche zur Bildung von Jamaika. Die Gespräche scheiterten aber am Ende spektakulär. > DEUTSCHLAND

JAMMEROSSIS

Nach der Wiedervereinigung, die streng genommen gar keine war und jetzt meist *Wende* genannt wird, kamen die Wörter *Ossi* für Ostdeutsche und *Wessi* für Westdeutsche auf. Die Wessis nannten die Ossis auch *Jammerossis*. Aus der Sicht der Wessis waren die Ossis Menschen, die ständig jammerten, an allem und jedem was auszusetzen hatten und nicht die vielen Verbesserungen ihres Lebens schätzten, in deren Genuss sie gekommen waren. Sie hatten mehr Freiheit und einen höheren Lebensstandard, aber das hielt sie nicht vom Klagen ab. > BESSERWESSIS

JEDER POPEL FÄHRT EN OPEL

Autofahrer einer Marke sprechen oft mit wenig Respekt von den Autofahrern anderer Marken. Ein Ausspruch, der das ironisch auf die Spitze treibt, lautet: „Jeder Popel fährt en Opel, jeder Rowdy fährt en Audi, und wer selbst den Tod nicht scheut, fährt Lloyd.“

KÄFER

Der Käfer war ein robuster, erschwinglicher, äußerst beliebter Kleinwagen mit Heckantrieb der Marke VW. Jahrzehntelang bestimmte er das Straßenbild in der Bundesrepublik Deutschland. Er wurde in viele Länder exportiert und war das meistverkaufte Auto der Welt, bis er vom VW-Golf übertroffen wurde. Der Käfer wurde auch im Ausland produziert, u.a. in Brasilien und Mexiko, wo er Kultstatus als Taxi erlangte, mit ausgebautem Beifahrersitz. Der letzte Käfer wurde

2003 in Puebla in Mexiko produziert. Seine Geschichte reicht mit seinen Vorgängermodellen bis in die Zeit des Nationalsozialismus zurück. Der Name *Käfer* ist eine Lehnübersetzung von *Beetle*. In den USA hatte der Käfer schon seinen Namen, bevor er in Deutschland übernommen wurde. Nach der Einstellung der Produktion verschwand der Käfer langsam aus den Straßen, bekam aber den Status eines Kultobjekts. > TRABI

KAFFEEKLATSCH

Was gibt es Deutscheres als den Kaffeeklatsch? Zum Kaffeeklatsch, dem nachmittäglichen Kaffeetrinken, gehört zwingend Kuchen. Und es gehören Gäste dazu, denn nur so kann aus dem *Kaffeetrinken* ein *Kaffeeklatsch* werden, also eine Plauderei beim Kaffee über Gott und die Welt und andere Leute. Der Kaffeeklatsch findet fast immer nachmittags und fast immer in einem Privathaus statt. Auch wenn der Kaffeeklatsch eine deutsche Einrichtung ist – der Kaffee ist es nicht. Der Ursprung des Kaffees liegt vermutlich in Afrika, in Äthiopien. Das Wort *Kaffee* soll von dem Namen eines Ortes in Äthiopien abgeleitet sein. Von dort gelangte es ins Arabische, als *qahwa*[h]. Das bedeutete allerdings gar nicht ‚Kaffee‘, sondern ‚Wein‘. Man übertrug das Wort einfach von einem anregenden Getränk auf ein anderes. Vom Arabischen gelangte das Wort ins Türkische, als *kahve*, und von dort ins Französische, als *café*, und schließlich zu uns als *Kaffee*. Eine Besonderheit ist auch das Wort *Kaffeebohne*, denn es bezeichnet gar keine Bohne, sondern die kirschenähnliche Steinfrucht, die Kaffeekirsche, aus der der Kaffee gewonnen wird. Bei *Bohne* handelt es sich um ein Missverständnis des klangähnlichen arabischen Wortes *bunn*, das diese Kaffeekirsche bezeichnet.

KANALARBEITER

Als *Kanalarbeiter* bezeichnet man eine Gruppierung innerhalb der SPD, die sich als Bewahrer der traditionellen Linie der SPD versteht, der SPD als Partei der Arbeiter. Die Kanalarbeiter gelten als konservativ und bodenständig, theoretischen Höhenflügen abhold.

> TOSKANA-FRAKTION

Kanzler der Alliierten

Der erste Bundeskanzler der Bundesrepublik
Deutschland war Konrad Adenauer. Er war schon
73, als er gewählt wurde. Und blieb 14 Jahre lang
Bundeskanzler. Adenauer war sehr an einer
Aussöhnung mit Frankreich interessiert und
forcierte die Westbindung der Bundesrepublik,
selbst wenn das auf Kosten der Einheit
Deutschlands ging. Von seinen politischen
Gegnern wurde er dafür angegriffen. Seine
Ausrichtung an Frankreich, England und
Amerika trug ihm den Namen *Kanzler der
Alliierten* ein. > GENOSSE DER BOSSE

Karl-May-Museum

Das Karl-May-Museum befindet sich in Radebeul
in Sachsen. Es erinnert an den Schriftsteller Karl
May und an Figuren und Szenen aus seinen
Romanen. 1991 wurde ein Gewehr aus dem Karl-
May-Museum beschlagnahmt. Der Grund: Der
Museumsdirektor hatte keinen gültigen
Waffenschein. Auch für historische Waffen
braucht man in Deutschland einen Waffenschein.
Nachdem der Museumsdirektor seinen

Waffenschein erneuert hatte, wurde das Gewehr zurückgegeben. Die besondere Pointe: Der Waffenschein des Direktors stammte von 1984, noch aus der DDR – und hatte nach dem Ende der DDR keine Gültigkeit mehr. > HADSCHI HALEF OMAR

KARNICKELSCHEIN

Nach dem Krieg gab es viele kinderreiche Familien. Um die zu unterstützen, wurde ein Pass eingeführt, mit dem man billigere Zugfahrkarten kaufen konnte. Der galt für alle Kinder dieser Familien, solange sie unter 25 und nicht verheiratet waren. Dieser Pass wurde von der Regierung Adenauer 1955 eingeführt und nach dem Verkehrsminister *Wuermeling-Pass* genannt. Da es sich um kinderreiche Familien handelte und sich Karnickel – wie es in einem Film heißt – „wie die Karnickel" vermehren, hieß der Pass im Volksmund *Karnickelschein.*

KENIA

Kenia ist in Deutschland nicht nur ein Land, sondern auch eine politische Konstellation, eine Koalition der drei Parteien, die man mit den

Farben der Flagge von Kenia verbindet: Schwarz
(CDU), Rot (SPD) und Grün (Die Grünen). Die
erste Keniakoalition gab es 2016 in Sachsen-
Anhalt. Es folgten Brandenburg und Sachsen.
Damit hat es auf Länderebene jede der vier
denkbaren Dreierkonstellationen der vier Parteien
mindestens einmal gegeben: Ampel, Jamaika,
Deutschland, Kenia. > AMPEL

KINDER, KÜCHE, KIRCHE

Im traditionellen Rollenverständnis sind Kinder,
Küche und Kirche die drei Zuständigkeitsbereiche
der Ehefrau. Dieses Rollenverständnis war bis
weit in das 20. Jahrhundert hinein das
vorherrschende. Frauen blieben zu Hause,
Frauen waren nicht berufstätig. Auch rechtlich
gab es wichtige Einschränkungen. Wie heute
noch oft erwähnt wird, durften Frauen bis weit
nach dem Krieg ohne die Erlaubnis ihres
Ehemannes weder ein Konto eröffnen noch einen
Beruf ergreifen.

KNALLZEUGE

Wenn jemand bei einem Unfall zugegen ist, ist er ein *Zeuge*. Wenn er den Unfall erst bemerkt hat, nachdem es geknallt hat, ist er ein *Knallzeuge*. Er hat den Unfall also nicht von Anfang an beobachten können. Viele Knallzeugen glauben aber, sie hätten den Unfall von Anfang an beobachtet, merken also nicht, dass sie nur Knallzeuge sind. Das erklärt, dass verschiedene Zeugen meist sehr verschiedene Augenzeugenberichte über den Unfallhergang abgeben.

KNUTSCHKUGEL

Knutschkugel ist die ironische Bezeichnung für die BMW Isetta, ein kleines, rundliches Auto aus der Nachkriegszeit. Da der Ausstieg durch die einzelne Fronttür erfolgte, die nach oben geklappt wurde, hieß das Auto auch, nach einer Zeile eines bekannten Adventslieds, *Macht hoch die Tür*.

KÖLNER DOM

Der Kölner Dom gehört zu den wichtigsten Sehenswürdigkeiten Deutschlands. Aber um den geht es hier nicht. Es geht um Bier. In Köln wird am liebsten *Kölsch* getrunken, ein obergäriges Bier (das Düsseldorfer *Alt*, ebenso obergärig, ist in Köln nicht so beliebt). Es gibt viele Sorten Kölsch. Eine davon ist *Dom-Kölsch*. Der Werbeslogan von Dom-Kölsch lautet *Das Kölner Dom*. Das Genus des Wortes macht den Unterschied.

K-Town

Kaiserslautern, eine Großstadt im Südwesten Deutschlands, liegt in der Nähe von Ramstein in der Pfalz. In Ramstein befindet sich ein amerikanischer Militärflughafen und die größte amerikanische Garnison außerhalb der USA. Die Amerikaner nennen Kaiserslautern ironisch – oder der Einfachheit halber – *K-Town*.

Land der Dichter und Denker?

Deutschland sieht sich gerne als das *Land der Dichter und Denker*. Zu Recht. Deutschland hat wichtige Dichter und Denker hervorgebracht, und zwar schon längst vor der politischen Einigung im 19. Jahrhundert. Der Kitt, der die Nation zusammenhielt, war die Sprache, war die Kultur, nicht der Staat. Deutschland – eine Kulturnation. So sieht es auf der Sonnenseite aus. Auf der Schattenseite stehen Krieg, Zerstörung, Verfolgung, Rassenwahn, durch die Jahrhunderte hindurch. Aus dem hehren Ausspruch vom *Land der Dichter und Denker* wird unter diesen Aspekten der bissige Ausspruch vom *Land der Richter und Henker.*

LAUBENPIEPER

Es gibt in Deutschland eine Million Schrebergärten, die meisten davon in Berlin, woher sie auch stammen. Es handelt sich um ein eingezäuntes Stück Land, das heute meist als Garten genutzt wird. Diese kleineren Parzellen sind als Gartenkolonien angelegt und meist am Rande der Innenstädte angesiedelt. Der Name geht auf Moritz Schreber zurück, einen Leipziger Arzt, der aber nicht der Erfinder der Schrebergärten war, sondern nur die Anregung dazu gegeben hatte. Mit Gärten hatten die Schrebergärten zunächst nichts zu tun. Es waren Spielwiesen für Kinder und Orte der Erholung und der „körperlichen Ertüchtigung" für

Erwachsene. Die Parzelle bietet heute vor allem einen wohnungsnahen Ausgleich für fehlendes Grün in den eigenen Wohnungen. Deutsche Ordnung und Gründlichkeit haben dafür gesorgt, dass selbst bei unscheinbaren Dingen die Gestaltung bis in Details geregelt ist. Der volkstümliche Name für den Schrebergärtner ist *Laubenpieper.* Das Wort ist spöttisch gemeint, wenn auch nicht unbedingt abwertend, aber Laubenpieper gelten außerhalb der Welt des Schrebergartens oft als kleinlich und pedantisch.

LESERATTE

Das Deutsche scheint eine besondere Affinität für Komposita mit tierischen Metaphern zu haben. Diese Komposita bezeichnen die besonderen Vorlieben oder Merkmale einer Person: Wer Süßes mag, ist eine *Naschkatze,* wer sich fürchtet, ist ein *Angsthase,* wer nicht vom Glück verfolgt wird, ist ein *Pechvogel,* wer keinen Wert auf Reinlichkeit legt, ist eine *Drecksau,* wer die Führung übernimmt, ist ein *Leithammel,* wer forsch ist, ist ein *Frechdachs,* wer gern schwimmen geht, ist eine *Wasserratte,* wem die Schuld zugeschoben wird, ist der *Sündenbock* (der allerdings international ist und auf das Alte Testament zurückgeht), wer seine Schreibtischarbeit gewissenhaft, mit einem Hang zur Pedanterie, erledigt, ist ein *Bürohengst*, wer bei Partys gerne im Mittelpunkt steht, ist ein *Salonlöwe*, wer gerne Zärtlichkeiten austauscht, ist eine *Schmusekatze*, wer dem Trinken zuspricht, ist ein *Schluckspecht* oder eine *Schnapsdrossel*, und wer gerne liest, ist ein *Bücherwurm* – oder eine *Leseratte*.

Lieber August, steig' hernieder …

Um eins waren die Bürger der DDR nie verlegen: sich über die Regierenden, das Regime, die Regeln lustig zu machen und sie scharfzüngig oder auch mit sanfter Ironie zu kritisieren. Vor dem *Goldenen Reiter*, dem Reiterstandbild Augusts des Starken in Dresden, rezitierte man hinter vorgehaltener Hand: „Lieber August, steig' hernieder, / und regiere Sachsen wieder. / Lass in diesen schweren Zeiten / lieber Walter Ulbricht reiten!" Den Vers gab es in zahlreichen Variationen, auch mit Karl-August von Sachsen-Weimar statt August dem Starken oder mit Erich Honecker statt Walter Ulbricht. > Rache des Vatikans

Lieber vom Leben gezeichnet …

Willi Sitte war ein ostdeutscher Maler, sehr erfolgreich in der DDR. Er machte Karriere, wurde Mitglied der Volkskammer und des ZK der SED. Nach der Wende wurde er links liegen gelassen, seine Bilder verschwanden aus den Museen. Sitte war aber kein Wendehals. Er stand zu seiner Vergangenheit und dazu, dass er das politische System der DDR unterstützt und für gut befunden hatte. In der DDR, wo er umstritten war, kursierte der Satz „Lieber vom Leben gezeichnet als von Sitte gemalt."

London

Versuche, auf den Trikots von Fußballspielern Werbung anzubringen, hatte es schon in der Frühzeit der Bundesliga gegeben. Man versuchte sogar, die Regeln zu unterlaufen, indem man das traditionelle Wappentier eines Vereins durch ein anderes ersetzte, das für einen bekannten Likör stand. Auch später, als die Werbung längst auf den Trikots angekommen war, gab es immer wieder Konflikte. Größte öffentliche Aufmerksamkeit erlangte dabei der damalige

Bundesligist FC Homburg, der Werbung für die Firma *London* machen wollte. Das wurde vom DFB abgelehnt, mit der Begründung, dies widerspreche den „Auffassungen von Sitte und Moral zumindest von Teilen der Bevölkerung". Der Grund dafür: Die Firma *London* war vor allem für die Herstellung von Kondomen bekannt. Es ging hin und her zwischen Verein und DFB. Einige Spiele absolvierte der FC Homburg mit der Werbung auf den Trikots, einige Spiele ohne. Die letzten Spiele absolvierte er mit einem Balken auf der Brust, mit der die Werbung verdeckt wurde. Der Werbeeffekt wurde dadurch nicht geringer, sondern wurde im Gegenteil durch das Verbot und den Wirbel darum sogar verstärkt. Alle wussten, was sich hinter dem Balken verbarg. Der Sponsor war begeistert und zahlte freudig das versprochene Honorar. Die Werbung war anwesend gerade dadurch, dass sie abwesend war.

LÜBECKER HÜTE

Am Straßenrand sieht man an Baustellen oft rot-weiß gestreifte, kegelförmige Figuren aus Plastik.

Sie zeigen an, wo es lang geht, wo eine Gefahr besteht usw. Alle kennen sie, aber kaum jemand weiß, wie sie heißen: *Lübecker Hüte*. Sie wurden vor 50 Jahren in Lübeck erfunden. Vorher gab es an Baustellen anstelle der Lübecker Hüte Fässer, die rot und weiß angemalt waren.

MADE IN GERMANY

Made in Germany als Kennzeichen deutscher Produkte, als Markenzeichen für Qualität, von Deutschen für deutsche Waren ausgedacht? So stellt man es sich vielleicht vor. Stimmt aber nicht. *Made in Germany* wurde von den Engländern erfunden und war kein Hinweis auf Qualität, sondern eine Warnung, Warnung vor deutscher Billigware. Das britische Markenschutzgesetz von 1887 bestimmte, dass Importe aus Deutschland mit dem Etikett *Made in Germany* versehen werden mussten. Der Ausdruck war dem Titel eines Buchs eines britischen Journalisten entliehen, Ernest Edwin Williams, der sich, entgegen der britischen Freihandelstradition, für protektionistische Maßnahmen einsetzte, darunter die

Herkunftsbezeichnung auf den Waren. Der Aufdruck sollte heißen: Vorsicht! Plagiat! Was ihr hier kauft, hat nichts mit englischer Qualitätsware zu tun, ist kontinentaler Schrott. Der Schuss ging nach hinten los. Indirekt wurde die ständige Erwähnung der Herkunft zur Werbung für die Produkte. Das Kainsmal wurde zum Gütesiegel, zumal die deutschen Produkte tatsächlich besser wurden. Heute gilt das Etikett als Qualitätsmerkmal. Seine Aufprägung auf die Waren ist freiwillig.

MALLORCA-DECKUNG

Wenn man im Ausland mit einem geliehenen Auto einen Unfall verursacht, braucht man bei kleineren Unfällen nicht dazuzuzahlen, wohl aber, wenn es ein schwerer Unfall ist. Dagegen kann man eine Zusatzversicherung abschließen, die sog. *Mallorca-Deckung.* Sie deckt solche Fälle ab. Benannt ist sie nach dem beliebten Urlaubsziel.

MAN KANN AUSCHWITZ NICHT VERSTEHEN, …

Die Gräueltaten des Dritten Reichs sind so ungeheuerlich, sprengen jede Vorstellungskraft, dass die Beschäftigung mit dieser Zeit eine

geistige Herausforderung und eine moralische
Überforderung sein kann. Man glaubt, an der
Menschheit und an dem eigenen Volk verzweifeln
zu müssen, wenn man sich Auschwitz vor Augen
führt. Wegzusehen erscheint oft als die einzige,
jedenfalls die einfachste Reaktion. Das
Unbegreifliche am Dritten Reich und der
Judenvernichtung liegt dem Epigramm zugrunde
„Man kann Auschwitz nicht verstehen, ohne den
Verstand zu verlieren.“

MAN MUSS LERNEN ZU LEIDEN …

Ein Ausdruck christlicher Ergebenheit in sein
Schicksal findet sich in dem Ausspruch *Man
muss lernen zu leiden, ohne zu klagen.* Man muss
die Widerwärtigkeiten des Lebens akzeptieren,
klaglos hinnehmen. Seine ironische Umkehrung
erfährt dieser Spruch in der Version *Man muss
lernen zu klagen, ohne zu leiden.* > GOTT LENKT …

MARMOR, STEIN UND EISEN BRICHT …

In den sechziger Jahren sorgte ein Lied des
Sängers Drafi Deutscher für Furore. Es hieß
„Marmor, Stein und Eisen bricht“ und stürmte die
Charts, die damals noch *Hitparaden* hießen. Das

Lied, das zu dem Genre gehörte, das damals noch *Schlager* hieß, wurde ungeheuer populär und war auf allen Radiostationen zu hören, die sich der Popmusik widmeten. Nur der Bayerische Rundfunk machte eine Ausnahme. Er sprach einen Bann über das Lied aus, aus einem falsch verstandenen sprachlichen Purismus heraus. Die Bayern argumentierten, dass das Verb im Plural stehen, dass es „Marmor, Stein und Eisen brechen" heißen müsse. Weder dichterische Freiheit noch Sprachgebrauch wurden als Gegenargument zugelassen. Es wurde befürchtet, dass das Grammatikverständnis der jungen Bayern durch den Titel des Schlagers Schaden nehmen könne.

MARSHALLPLAN

Der Marshallplan, der nach dem US-amerikanischen Außenminister benannte Aufbauplan, sollte nicht nur Deutschland, sondern ganz Europa, jedenfalls den Westen, nach dem Krieg wieder auf die Beine bringen. Das sah nach einer sehr großzügigen humanitären Geste der USA aus, die hier viel Geld investierten.

Tatsächlich ging das Geld aber zum großen Teil gar nicht in die europäischen Länder, sondern floss an amerikanische Firmen, vor allem an Produzenten von Baumwolle und Tabak. Davon gab es in den USA ein Überangebot. So konnten die US-amerikanischen Firmen ihre Produkte in Europa absetzen. Die Amerikaner stärkten damit also ihre eigene Industrie und schwächten die kommunistischen Parteien in Frankreich und Italien und den kommunistischen Osten Europas, den Konkurrenten um die Vormachtstellung in der Welt. Der Marshallplan war also das Resultat eines kühlen Kalküls, nicht das Resultat von Menschenfreundlichkeit. Deutschland stand relativ gut da, etwa im Vergleich zu Großbritannien, wo die Rationierung noch anhielt, als sie in Deutschland nach der von den Amerikanern veranlassten Einführung der D-Mark wieder abgeschafft worden war. Die deutsche Industrie hatte, im Gegenteil zu der landläufigen Vorstellung, den Krieg relativ gut überstanden. Den Alliierten war es nicht gelungen, sie entscheidend zu zerstören, weshalb sie begonnen hatten, zivile Ziele in Angriff zu nehmen. Die Öffentlichkeitsarbeit, die den Marshallplan begleitete, war so erfolgreich, dass es den USA gelang, innerhalb kurzer Zeit zur auch in der Bevölkerung weitgehend akzeptierten Führungsmacht in Westeuropa aufzusteigen und als Helfer und Retter dazustehen.

MEIERLOCH

Meier ist einer der gängigsten deutschen Nachnamen. Er existiert in vielen verschiedenen orthographischen Formen: *Meier, Meyer, Maier, Mayer, Mair, Mayr* und andere. Dieser Name geht letztlich auf lat. *maior* zurück, ‚älter‘, und bezeichnete ursprünglich einen (hochgestellten) Hofverwalter. Die Hausmeier im fränkischen Reich, die immer mächtiger und zu so etwas wie „Schattenkönigen" wurden, gehörten dazu. Im Laufe der Zeit erweiterte sich die Bedeutung des Wortes immer mehr und bezog sich auch auf Verwalter ganz allgemein und dann auch auf selbständige Bauern. In Deutschland ist der Name *Meier* in der Mitte des Landes weniger oft vertreten als an den Rändern. Diese „meierlose" Gegend nennt man *Meierloch*. Der Grund dafür ist einfach: In dieser Region herrscht der Name

Hofmann (bzw. *Hoffmann*) vor, und der hatte dieselbe Bedeutung.

MELITTA

Es gibt Erfindungen, die im Ausland nicht als deutsche Erfindungen wahrgenommen werden. Das liegt teils daran, dass sie anders als bei uns benannt werden, wie bei den von Wilhelm Röntgen entdeckten *Röntgenstrahlen* und der daraus resultierenden Erfindung der *Röntgenapparate*. Die Röntgenstrahlen werden in anderen Sprachen nicht nach ihrem Entdecker benannt, sondern nach den Strahlen. Röntgen selbst sprach von *X-Strahlen*. Nach diesem Vorbild erhielten sie ihren Namen in anderen Sprachen, wie die *x-rays* im Englischen oder die *rayos x* im Spanischen. Dadurch bleibt der Name *Röntgen*, der bei uns das Verb *röntgen* hervorgebracht hat, weitgehend unbekannt. Dabei gibt es deutsche Erfindungen, die den Alltag vieler Menschen in vielen Ländern leichter oder erträglicher machen. Dazu zählen die Schmerztablette, der Dübel und der Kaffeefilter. Aspirin, die Schmerztablette, wurde 1897 von

Felix Hoffmann für die Firma Bayer entwickelt. Aspirin wurde zum Alleskönner, lindert Schmerzen, senkt Fieber, hemmt Entzündungen. Der moderne Dübel wurde 1958 von Artur Fischer erfunden. Er ist aus witterungsresistentem Nylon gefertigt und gibt den Schrauben sicheren Halt. 1908 erfand die Hausfrau Melitta Bentz den Kaffeefilter. Sie benutzte dafür die Löschblätter aus den Schulheften ihrer Kinder. Daraus bastelte sie den Filter und steckte ihn in einen durchlöcherten Messingtopf. Der Prototyp des heutigen Kaffeefilters. Der sorgte dafür, dass der ungeliebte Kaffeesatz nicht in den Kaffee kam.

Mit alles?

Früher gab es Pommesbuden. Heute gibt es Dönerbuden. Die Dönerbuden bieten auch Gerichte an, die es früher in den Pommesbuden gab, wie Schnitzel oder Currywurst. Aber der Klassiker ist der Döner, Fleisch vom Spieß in einer Teigtasche. Bevor die restlichen Zutaten – Salat, Kraut, Tomaten, Chili, Zwiebeln usw. – eingefüllt werden, wird der Gast gefragt, ob er das alles haben wolle. „Mit alles?" lautete die klassische Frage der ausländischen, meist türkischen Betreiber der Dönerbuden. Mit deren wachsenden Deutschkenntnissen verschwindet diese abweichende Formulierung leider immer mehr aus unserem Alltag und wird durch das korrekte, aber langweilige „Mit allem?" ersetzt.

> DA WERDEN SIE GEHOLFEN

MOIN MOIN

In Norddeutschland begrüßt man sich mit *Moin moin* oder einfach mit *Moin*. Das klingt nach *Morgen*, hat aber nichts damit zu tun. *Moi* bedeutet im Friesischen ‚schön'. Wenn man *Moin Dag* sagt, bedeutet das ‚Einen schönen Tag' (wünsche ich Dir). Die Kurzform davon ist eben *Moin*. Da das mit *Morgen* nichts zu tun hat, kann man den ganzen über Tag *Moin Moin* sagen.

> SÜDSCHWEDEN

MONTE SCHLACKO

Im Stadtbild von Siegen nimmt ein Berg eine exponierte Stellung ein. Dieser Berg, weithin sichtbar, entstand als Halde für die bei der Stahlverhüttung anfallende Schlacke. Im Volksmund findet der Berg eine sprachliche

Aufwertung und wird *Monte Schlacko* genannt.
Denselben Namen haben auch verschiedene
andere Schlackenhalden im Ruhrgebiet.

MORBUS BOSPORUS

Ab etwa 1960 kamen immer mehr Gastarbeiter
nach Deutschland, aus Italien, Jugoslawien,
Griechenland, Spanien, Portugal und aus der
Türkei. Viele Gastarbeiter konsultierten Ärzte,
weil sie Schmerzen hatten. Die Ärzte konnten
aber in vielen Fällen keine Ursache für diese
Schmerzen finden. Die Erklärung: Die Schmerzen
hatten keine körperlichen, sondern seelische
Ursachen. Die Gastarbeiter hatten Probleme mit
dem fremden Land, mit den Lebensumständen in
der neuen Heimat, mit der Ferne von der alten
Heimat. Ein populärer Name für diese Krankheit
ist *Morbus Bosporus*, nach dem Bosporus, der
Meerenge in der Türkei, benannt.

MÜNCHNER LÖWEN

Der Name *Münchner Löwen* bezeichnet die
Fußballspieler eines Clubs aus München, dem
TSV 1860 München. Der Name kommt von dem

Emblem des Clubs, einem Löwen. Der Löwe erscheint im Wappen von 1860 München. Dieser Löwe hat zwei Schwänze. Warum zwei Schwänze? Der Löwe hatte anfangs nur einen Schwanz. Einen solchen Löwen hatte aber auch die Münchner Löwenbrauerei als Wappentier. Die legte Widerspruch gegen den Löwen von 1860 ein. Daraufhin bekam dessen Löwe einen zweiten Schwanz.

NACH DEM SPIEL IST VOR DEM SPIEL

Der ehemalige Trainer der deutschen Fußballnationalmannschaft, Sepp Herberger, war bekannt für seine scheinbar trivialen, aber doch tiefgründigen und vor allem prägnanten Epigramme. Die Einsicht, dass man sich nicht durch Siege einlullen oder durch Niederlagen entmutigen lassen, sondern voller Konzentration auf das nächste Spiel schauen solle, hieß bei ihm einfach „Nach dem Spiel ist vor dem Spiel.“

NEANDERTALER

Der Neandertaler kommt aus Deutschland. Die ersten entdeckten Knochenreste des *Homo neanderthalensis* wurden in einem Tal in der Nähe von Düsseldorf gefunden, dem *Neandertal.* Seinen Namen verdankt der Neandertaler also dem Neandertal. Das wiederum verdankt seinen Namen einem pietistischen Prediger, Joachim Neumann, der gerne zwischen den Kalksteinfelsen spazieren ging. Der Mode seiner Zeit gemäß gräzisierte er seinen Namen, damit er voller klang und auf einen gebildeten Namensträger schließen ließ. Aus *Neumann* wurde *Neander.*

NEUNTER NOVEMBER

An welchem Datum wurde 1918 in Deutschland die Republik ausgerufen? Am 9. November. An welchem Datum fand 1923 der Hitler-Putsch statt? Am 9. November. An welchem Datum war 1938 die sog. Reichskristallnacht? Am 9. November. An welchem Datum fiel 1989 die Berliner Mauer? Am 9. November. Da hat man fast das Gefühl, dass jemand dahintersteht und Regie führt. Man könnte noch weitere Ereignisse hinzufügen, die auch am 9. November stattfanden und für die Geschichte von Deutschland von Belang waren. Ein Ereignis, das Attentat Elsers auf Hitler 1938, hätte es auch fast in diese Liste geschafft, aber es fand am 8. November statt. Die Nazis feierten den Jahrestag des Hitler-Putsches am Vorabend.

NIKOLAUSEFFEKT

Wenn bei Behörden Beförderungen anstehen, zeigen sich die Kandidaten, bevor die Entscheidung fällt, von ihrer besten Seite, sind fleißig, freundlich, kooperativ. Sie wollen damit ihre Chancen erhöhen, befördert zu werden, verhalten sich also wie die Kinder vor Nikolaus. Diesen Effekt nennt man *Nikolauseffekt*.

NORDLICHT

Ein *Nordlicht* ist kein Licht, sondern ein Mensch. Jemand, der im Norden Deutschlands lebt.

OKTOBERFEST

Das größte Volksfest in Deutschland kennt man im Ausland unter Namen wie *The Munich Beer Festival* im Englischen. In Deutschland heißt es einfach *Oktoberfest*. Der Clou an der Sache: Das Oktoberfest findet im September statt! Aber das war nicht immer so. Das erste Oktoberfest fand tatsächlich im Oktober statt. Der Anlass war die Heirat des bayerischen Kronprinzen Ludwig mit der Prinzessin Therese von Sachsen-Hildburghausen. Daher rührt der Name des Platzes, auf dem das Oktoberfest stattfindet: *Theresienwiese*. > BAVARIA

OSTALGIE

Viele Bürger der ehemaligen DDR waren nicht begeistert von ihrem Leben im wiedervereinigten Deutschland. „Nicht alles war schlecht, was es in der DDR gab", hieß es oft. Viele hatten zumindest Sehnsucht nach dem geordneten Leben im Osten und nach der Solidarität unter den Menschen. Zumindest sah es im Rückblick so aus. In Anlehnung an *Nostalgie* nannte man diese Sehnsucht *Ostalgie*. > PORNOS, NUTTEN, DOSENBIER …

OSTDEUTSCHLAND

Ostdeutschland ist nicht Ostdeutschland. Heute ist es etwas anderes als früher. Nach dem Krieg wurde Deutschland geteilt, in vier Zonen, sog. "Besatzungszonen": eine russische, eine

amerikanische, eine englische, eine französische.
Aus der russischen Zone wurde später die DDR
(Deutsche Demokratische Republik), aus den drei
anderen Zonen wurde die BRD (Bundesrepublik
Deutschland). In der BRD, also in
Westdeutschland, nannte man die DDR
Mitteldeutschland. Mit *Ostdeutschland*
bezeichnete man die ehemaligen deutschen
Gebiete in Polen, Russland und der
Tschechoslowakei. Dann kam die Ostpolitik. Die
Bundesrepublik erkannte die Oder-Neiße-Grenze
an und verzichtete auf die ehemaligen deutschen
Gebiete in Polen, Russland und der
Tschechoslowakei. Das Wort *Ostdeutschland*
wurde jetzt für das Gebiet der DDR benutzt.
Ostdeutschland war nach Westen gewandert.
Auch heute sagt man im Alltag *Ostdeutschland* zu
den ostdeutschen Ländern. Aus *Mitteldeutschland*
wurde *Ostdeutschland*.

OSTFRIESENSPIEß

Die Bundesautobahn A31 verläuft von Emden in
Ostfriesland bis hinunter ins nördliche
Ruhrgebiet. Wegen ihrer Form – länglich mit

einem Haken oben – oder wegen ihrer Trassenführung – sie spießt verschiedene Naherholungsgebiete auf – heißt die Autobahn volkstümlich auch *Ostfriesenspieß*.

PATERNOSTER

Pater Noster sind die ersten beiden Worte der lateinischen Version des *Vaterunsers*, einem der bekanntesten Gebete der christlichen Kirchen. *Paternoster* hat in Deutschland aber auch noch eine andere, ganz profane Bedeutung. Es bezeichnet einen Aufzug, einen Personenaufzug mit mehreren vorne offenen Kabinen, die ständig in der gleichen Richtung umlaufen. Die Übertragung des Namens eines Gebets auf einen Aufzug ist nicht auf den ersten Blick einleuchtend, kommt aber nicht von ungefähr. *Paternosterschnur* ist ein altes Wort für den Rosenkranz, und von dem, von den endlos aneinandergereihten Perlen des Rosenkranzes, der Paternosterschur, hat der Aufzug seinen Namen. Verwechslungen gibt es nicht, dazu tauchen die beiden Wörter in zu unterschiedlichen Kontexten auf. Außerdem hat ein Genuswechsel stattgefunden. Das Gebet ist *das* Paternoster, der Aufzug *der* Paternoster.

> Kölner Dom

Pfarrerskinder

Dass Angela Merkel einem protestantischen Pfarrhaus entstammt, wissen die meisten Deutschen. Aber sie ist kein Einzelfall. Das protestantische Pfarrhaus hat eine große Wirkungsgeschichte in Deutschland, von der Reformation bis heute. Drei renommierte deutsche Journalisten, Klaus Harpprecht, Elisabeth Niejahr und Christoph Dieckmann entstammen einem protestantischen Pfarrhaus. Auch Gudrun Ensslin, die RAF-Aktivistin, entstammte einem protestantischen Pfarrhaus. Ihrem Vater, dem Pfarrer, wurde verweigert, die Rede an ihrem Grab zu halten. Der gnadenlose Landesvater und die kochende Volksseele ließen es nicht zu. Zu den Dichtern und Schriftstellern, die das protestantische Pfarrhaus hervorbrachte, gehören Wieland, Lessing, Schlegel, Matthias Claudius, Hesse, Döblin, Friedrich Christian Delius und Christoph Hein, zu den Philosophen Schelling und Nietzsche.

PORNOS, NUTTEN, DOSENBIER, ...

Mit der Wiedervereinigung von 1990 verband man
in Ostdeutschland große Hoffnungen auf ein
besseres Leben. Das bewahrheitete sich, aber
nicht alle waren mit allem zufrieden. Im Alltag
konnten die Veränderungen nicht übersehen
werden, aber nicht alle führten zu einem besseren
Leben, und viele waren lediglich das Resultat
wirtschaftlicher Interessen oder eines „freieren"
Lebensstils. Das führte zu dem sarkastischen
Ausspruch „Pornos, Nutten, Dosenbier, Helmut
Kohl wir danken dir."

PUMPERNICKEL

Ein Schwarzbrot aus Westfalen, das nicht
jedermanns Sache ist und im Ausland gewöhnlich
Unverständnis auslöst, heißt *Pumpernickel*. Der
aus Roggenschrot und Wasser zubereitete Teig
wird sehr langsam gebacken und dadurch
besonders lange haltbar. Das Geschäft mit dem
Pumpernickel kann sehr solide sein, wie eine
Bäckerei in Soest beweist, die seit 1570
Pumpernickelbrote verkauft. *Nickel* ist eine
Kurzform vom *Nikolaus* und steht für einen

groben, ungeschlachten Menschen. Und *Pumper* ist ein regionales Wort für *Furz*.

RACHE DES VATIKANS

Der Fernsehturm am Alexanderplatz in Berlin war ein architektonisches Vorzeigeprojekt der DDR. Was die Erbauer nicht einkalkuliert hatten: Die Sonne bricht sich an der silbernen Kugel des Turms und zeichnet ein Kreuz. Für die Ostdeutschen war das „Die Rache des Vatikans" (oder „Die Rache des Papstes"). Ähnlicher Spott galt auch dem Palast der Republik, der zum „Ballast der Republik" wurde. Der Raum um Dresden, wo man kein Westfernsehen empfangen konnte, nannte man „Tal der Ahnungslosen", die DDR-Währung nannte man „Kosakendollars". Eine fiktive Aufschrift an einem Sanatorium für Nervenkranke lautete „Alles, was wir sind, sind wir durch den Sozialismus." Und auf einem großformatigen Plakat neben einer großkalibrigen Kanone stand „Unser Ziel – der Kommunismus!"

REEPERBAHN

Bei *Reeperbahn* denkt man fast unwillkürlich an

St. Pauli und sein Rotlichtviertel. Aber eine
Reeperbahn gibt es nicht nur in Hamburg. Der
Straßenname *Reeperbahn* ist in Deutschland
23-mal vertreten. *Reep* ist ein Seil (vgl. engl. *rope*).
Die Reeperbahn befand sich ursprünglich im
Viertel der Seiler und Färber der Stadt, das wegen
seines Geruchs einen schlechten Leumund hatte.

RIN IN DIE KARTOFFELN, …

Erst wird eine Anordnung getroffen, dann folgt
eine zweite, die genau das Gegenteil von der
ersten ist. Das kommentiert man mit dem Satz
„Rin in die Kartoffeln, raus aus die Kartoffeln."
Der Ursprung der Redensart ist militärisch. Bei
einem Manöver werden die Soldaten zuerst in den
Kartoffelacker geschickt und dann wieder raus,
um Schäden an der Ernte zu vermeiden. Der Satz
ist grammatisch falsch, aber dennoch richtig. Die
Regeln des Sprachgebrauchs stehen hier über
denen der Grammatik. Den Satz zu „verbessern",
ist pedantisch und unnötig.

> MIT ALLES?

ROSINENBOMBER

Nach der Berlin-Blockade durch die Sowjetunion 1948 war Berlin, West-Berlin, von der Versorgung abgeschnitten. Das Überleben der Stadt schien gefährdet. Die alliierte Luftbrücke rettete Berlin. Monatelang flogen Flugzeuge der Alliierten und anderer, mit den Alliierten verbündeter Länder, nach Berlin und versorgten die Stadt mit dem Nötigsten. Diese Flugzeuge nannte man *Rosinenbomber.* Bei denen denkt man an Schokolade, Kaugummi und Rosinen. In Wahrheit brachten die Rosinenbomber aber in erster Linie Kohle. West-Berlin musste sich selbst mit Strom versorgen, Leitungen ins Bundesgebiet gab es nicht. Die Kohle für die Berliner Kraftwerke war vorher aus dem Ruhrgebiet gekommen. Um einen Ausweg aus der schwierigen Lage hinsichtlich der Energieversorgung zu finden, gab es sogar Pläne, in West-Berlin ein Atomkraftwerk zu bauen, am Wannsee. Es wäre das erste überhaupt in Deutschland gewesen.

ROTLICHTBESTRAHLUNG

Im Fach Staatsbürgerkunde sollten Schüler in der DDR zu guten Sozialisten ausgebildet werden. Im Volksmund hieß der Unterricht *Rotlichtbestrahlung.*

SANDMÄNNCHEN

Das Sandmännchen ist eine Figur, die abends vor dem Schlafengehen zu den Kindern kommt und ihnen Sand in die Augen streut, damit sie besser schlafen können. Ins Fernsehen gelangte das Sandmännchen erstaunlich früh, schon 1959, und zwar in zwei Versionen, einer ostdeutschen und einer westdeutschen, wobei die ostdeutsche einen kleinen zeitlichen Vorsprung hatte. Das ostdeutsche Sandmännchen hat einen Ziegenbart, eine Zipfelmütze, Knopfaugen und keinen Mund. Es streut den Kindern tatsächlich Sand in die Augen. Das westdeutsche Sandmännchen, harmloser als das gesellschaftlich engagierte ostdeutsche Sandmännchen, hat ein breites Kapitänsgesicht, einen Backenbart und eine Schiffermütze. Es streut den Kindern keinen Sand in die Augen, hat aber den Schlüssel für den Fernseher und schließt ihn ab. Das ostdeutsche Sandmännchen gehört zu den Gewinnern der Wiedervereinigung. Es tritt weiterhin allabendlich im Fernsehen auf, das westdeutsche Sandmännchen musste dagegen seinen Abschied nehmen.

SCHÄFERSTÜNDCHEN

Schäferstündchen (ursprünglich *Schäferstunde*) ist ein liebevoller Ausdruck für ein intimes Zusammensein von Verliebten. Der Ausdruck kommt aus der bukolischen Dichtung, der Schäferdichtung, wo das Schäferstündchen oft idyllisch dargestellt wird, in freier Natur, in ländlicher Szenerie, unter hohen Bäumen, am Ufer von rauschenden Bächen. In der bukolischen Dichtung verstanden sich der Schäfer und die Schäferin am besten auf das Schäferstündchen.

SCHALKE 05

Der berühmt gewordene Versprecher einer Sportjournalistin, die beim Verlesen der Ergebnisse der Fußballbundesliga *Schalke 05* statt *Schalke 04* sagte. Sie war eine der ersten

Frauen, die in dieser Männerdomäne eingesetzt wurden. Schalke ist ein Verein mit viel Tradition (wenn auch mit wenigen Erfolgen in den letzten Jahrzehnten), und jedes Kind weiß, dass es *Schalke 04* heißt. Selbst wenn man betrunken oder übermüdet oder verträumt ist, käme man nicht darauf, *Schalke 05* zu sagen. Das erfordert einige Unkenntnis. Und mangelnde Vertrautheit mit dem Fußball. Immerhin räumte die Journalistin später ein, dass sie nicht wegen ihres Sachverstands, sondern wegen ihres Geschlechts für den Posten ausgewählt worden war.

SCHNAPSBOYKOTT

Im Jahre 1909 beschlossen die Sozialdemokraten einen Schnapsboykott. Die Genossen wurden aufgefordert, Schnaps zu meiden. Das geschah nicht aus gesundheitlicher Fürsorge, sondern war politisch, fiskalpolitisch motiviert. Die Steuergesetzgebung begünstigte Produktion und Vertrieb von Branntwein und damit die preußischen Junker. Das war den Sozialdemokraten ein Dorn im Auge. Bier war ausdrücklich von dem Boykott ausgenommen.

Biertrinken wurde ermutigt und galt als vaterländische Aktion.

SCHNAPSZAHL

Eine Zahl, die aus denselben Ziffern besteht wie 77 oder 4,44 bezeichnet man als *Schnapszahl*. Die Tradition stammt vermutlich von Spielen, bei denen Freigetränke fällig sind, wenn ein Spieler bei der Zusammenrechnung der Ergebnisse eine Schnapszahl erreicht.

SCHNEEWITTCHENSARG

Schneewittchensarg ist eine ironische Bezeichnung für den Volvo P 800 ES, einen Sport-Kombi mit gläserner Heckklappe.

> ERDBEERKÖRBCHEN

SCHNIPOSA

Deutsche bestellen in einem Restaurant häufig die gleiche Speise, und dafür hat sich die populäre Bezeichnung *Schniposa* eingebürgert: *Schnitzel – Pommes – Salat.* „Was habt ihr gegessen?" – „Nichts Besonderes. Schniposa."

SCHULTÜTE

Deutsche Kinder bekommen zur Einschulung eine Schultüte, in der Regel eine kegelförmige, unten spitz zulaufende Tüte mit einer Schleife oben als Verschluss. Die Schultüte enthält traditionellerweise Schulmaterial wie Buntstifte und Süßigkeiten wie Schokoriegel, heute aber auch gelegentlich technische Geräte wie MP3-Spieler oder Kleidungsstücke wie bedruckte T-Shirts. Die Schultüten werden von außen mit Klebebildern verziert, die die Kinder selbst aussuchen. Trotz gut gemeinter Bemühungen um eine geschlechtsneutrale Erziehung sind die Favoriten bei den Mädchen weiterhin Blumen, Prinzessinnen und Einhörner, bei den Jungen Astronauten, Rennautos und Fußballspieler.

SCHWEDENSPEISUNG

Die Schwedenspeisung ist eine große, heute vielfach in Vergessenheit geratene Hilfsaktion der Schweden für das Deutschland der Nachkriegszeit. Von den Spenden wurden Lebensmittel für die Bevölkerung gekauft, vor allem für Kinder. Auslöser für die Aktion war ein schwedischer Amateurfilm, der Deutschland in Trümmern zeigte, vor allem Kinder, die zwischen den Trümmern hin und her liefen oder in den Trümmern spielten. Trotz der Trümmer sah man auch ein Land, das sich aufrappelte. Die Schwedenspeisung dauerte vier Jahre und rettete viele Kinder vor dem Hungertod, vor allem in dem Hungerwinter 1946/1947.

SEH'N WIR UNS NICHT AUF DIESER WELT, …

Bielefeld ist eine Durchschnittsstadt in Ostwestfalen, die lange gegen das Gerücht zu kämpfen hatte, sie existiere gar nicht. Bitterfeld ist eine Stadt in Ostdeutschland, die lange gegen ihr Image als Chemiekloake zu kämpfen hatte, jetzt aber zum Vorzeigeort für regenerative Energien geworden ist. Über beide kursiert ein und derselbe Ausspruch: „Seh'n wir uns nicht auf dieser Welt, dann seh'n wir uns in Bielefeld/Bitterfeld."

SERO

Während der deutschen Trennung entwickelten sich in beiden Teilen Deutschlands Begriffe, die in dem anderen Teil nicht benutzt wurden. Von den typischen Begriffen aus der DDR kennen die meisten Westdeutschen *Plaste*, *Broiler* und *Datsche*. Bei *Ketwurst*, dem ostdeutschen Hot Dog, ist die Kenntnis schon nicht mehr so ausgeprägt. Und noch weniger bei *Tempolinsen*. Das waren Linsen, die schneller gar wurden als naturbelassene Linsen. *Krusta* war die Entsprechung zu der Pizza im Westen, und *Blaue Fliesen* waren Hundertmarkscheine aus dem Westen. Eine andere Besonderheit war *Sero*. Das war die Sammlung von Sekundärrohstoffen, also wiederverwertbaren Abfällen aus Papier und Glas. Die lag meistens in den Händen der Jugendlichen. Mit *Sero* war die DDR dem *Grünen Punkt* in Westdeutschland um Jahre voraus.

> SUPERFEST

SEXUALDEMOKRAT

In den sechziger Jahren wurde Oswald Kolle bekannt für seine sehr umstrittenen Sendungen und Filme über Sexualität. Kolle war ein Aufklärer. Er wollte, dass offen und unbefangen über Sex gesprochen werde. Er erreichte damit

Millionen von Menschen, generierte aber auch
Widerspruch und Proteste, nicht wegen dessen,
was er sagte, sondern *dass* er es sagte. Was
heute wirkt wie Aufklärung aus dem
Kinderzimmer, kollidierte damals mit den
Moralvorstellungen vieler Deutscher. Kolle bekam
den Beinamen *Sexualdemokrat*.

SIEBENSCHLÄFER

„Siebenschläfer Regen – sieben Wochen Regen“.
So lautet eine alte Bauernregel. Die gibt es in
verschiedenen Variationen: „Ist der Siebenschläfer
nass, regnet's ohne Unterlass“. *Siebenschläfer*
bezieht sich auf den Siebenschläfertag, den
27. Juni. Die Bauernregel besagt, dass das Wetter
in den folgenden sieben Wochen genauso ist wie
am Siebenschläfertag. Obwohl es sich nur um
eine Bauernregel handelt, ist da was dran.
Tatsächlich gilt der Zeitraum um den
Siebenschläfertag als meteorologische
Besonderheit. Die Sache hat allerdings einen
Haken: Der 27. Juni von früher ist nicht mehr der
27. Juni von heute. Durch die Kalenderreform hat
sich das Datum verschoben. Nach unserem

Kalender fällt der Siebenschläfertag in den Juli, man hält aber an dem Juni-Datum fest, was die Wetterregel betrifft. Und warum heißt der Tag *Siebenschläfertag*? Es gibt ein Nagetier, das *Siebenschläfer* heißt. Dessen Name bezieht sich auf die sieben Monate (nicht Wochen), die der Winterschlaf dieses Tiers, wie man annahm, dauerte. Mit diesem Nagetier hat aber der Siebenschläfertag nichts zu tun. Gar nichts. Der Name kommt von einer alten Legende. Und er bezieht sich nicht auf die *Dauer* des *Schlafs*, sondern auf die *Zahl* der *Schläfer*. Sieben Christen waren es, die während der Zeit der Christenverfolgung Zuflucht in einer Höhle suchten, einer Höhle in der Nähe von Ephesus. Sie wurden entdeckt und lebendig eingemauert. Sie schliefen nicht sieben Wochen, sondern mehrere hundert Jahre lang. Dann wurden sie entdeckt, wachten auf und bezeugten ihren Glauben. Das Datum, an dem sie entdeckt wurden, war der 27. Juni.

SONNENHAUPTSTADT

Freiburg ist die Sonnenhauptstadt Deutschlands.
Die Sonne scheint hier 1.900 Stunden im Jahr. In
Andalusien scheint sie 3.000 Stunden, in der
Sahara 4.300 Stunden. Am meisten regnet es in
Oberstdorf, am wenigsten in Rostock.

> WASCHBÄRENHAUPTSTADT

STERBERATE

In Deutschland sterben jedes Jahr – die für ein
bestimmtes Jahr erhobenen Daten dürften
mutatis mutandis auch für andere Jahre gelten –
ungefähr 34.500 Menschen durch äußere
Ursachen. 4.000 Menschen kommen bei
Verkehrsunfällen ums Leben, 500 Menschen
ertrinken, 8.000 stürzen zu Tode, 11.200 nehmen
sich das Leben (unter ihnen befinden sich mehr
Männer als Frauen), und 550 werden Opfer eines
Gewaltverbrechens.

STOPPSCHILD

Auf dem Stoppschild steht in Deutschland STOP
und nicht STOPP, wie es den deutschen
Rechtschreibregeln entsprechen würde. Das

geschieht im Sinne der internationalen Angleichung.

STRAUSSWIRTSCHAFT

Eine *Straußwirtschaft* (oder *Straußenwirtschaft*) ist eine Gaststätte, und zwar eine Gaststätte, die von einem Winzer betrieben wird. Dort wird Wein ausgeschenkt, natürlich vom eigenen Weinberg. Auch kleinere Speisen können angeboten werden. Zu den Klassikern gehören Flammkuchen, Zwiebelkuchen, Winzerplatte, Kartoffelsalat, Saumagen. Straußwirtschaften haben unregelmäßige Öffnungszeiten, sind nicht jeden Tag und nicht das ganze Jahr über geöffnet. Ein Strauß, der am Eingangstor hängt, zeigt an, dass die Straußwirtschaft geöffnet ist. Daher der Name. Regional wird auch der Begriff *Besenwirtschaft* statt *Straußwirtschaft* gebraucht. Dort ersetzt der Besen am Eingangstor den Strauß.

STREUSELKUCHEN

Als Österreich die EU-Präsidentschaft innehatte, 2006, wurde jedes Land aufgefordert, eine landestypische (süße) Spezialität vorzustellen,

Kuchen, Gebäck, Kekse usw. Schweden hatte
Kanelbulle, Belgien Waffeln, Dänemark
Wienerbröd, Frankreich Madeleines, Griechenland
Vasilopita usw. Deutschland hatte Streuselkuchen. Eine gute Wahl. Der Streuselkuchen ist
typisch. Typischer als der Schwarzwälder-
Kirschkuchen. Man kann ihn überall kaufen, in
der Bäckerei, im Supermarkt, auf dem Markt,
ganz oder in Stücken. Oder man kann ihn selbst
backen. Er passt zu jeder Jahreszeit.

SÜDSCHWEDEN

Für Deutsche, die weiter unten leben, sind Teile
von Norddeutschland so weit oben, dass man
ironischerweise von *Südschweden* spricht. Das ist
historisch richtiger, als die meisten ahnen. Teile
des heutigen Norddeutschlands gehörten früher
tatsächlich zu Schweden. Im 17. Jahrhundert,
unter der Dynastie der Wasa, wurde Schweden
zur Großmacht. Während des Dreißigjährigen
Kriegs drang Gustav II. Adolf sogar bis nach
München vor. Bis heute haben einige deutsche
Städte ein blau-gelbes Wappen oder ein Wappen
mit drei Kronen. > NORDLICHT

Ein Glas, ein Trinkglas, das nicht zerbrechen kann – kann es das geben? Ja, das kann es geben, und das gibt es. Oder gab es. In der DDR. Dort erfanden Chemiker *Superfest*, ein praktisch unzerbrechliches Glas, das in der DDR überall präsent war, auf Kneipentischen, in Mitropa-Speisewagen, im Interhotel. Produziert wurde es in Schwepnitz in Sachsen. *Superfest* war dünnwandig und hatte in der Mitte eine Wulst. Darüber wurde es breiter. Eine schlichte Form, ein revolutionäres Produkt. Da die Gläser so gut wie ewig hielten, sparte man in der DDR 10.000 Tonnen Glas und 20.000 Megawattstunden Energie pro Jahr. Die Gläser sollten, der ursprünglichen Kalkulation zufolge, fünfmal so lange halten wie ein normales Glas. Tatsächlich hielten sie zehn- bis fünfzehnmal so lange. Die Gaststätten waren überschwemmt mit *Superfest*. Sie bestellten bald keine Gläser mehr, weil sie keine brauchten. Superfest war zu gut. 1990 kam die Produktion zum Erliegen, warum genau, ist unklar. Dabei hätte man aus *Superfest* einen Welterfolg machen können, als

umweltschonendes und energiesparendes
Produkt.

TAG DER DEUTSCHEN EINHEIT

In der alten Bundesrepublik war der 17. Juni der
Tag der Deutschen Einheit. Warum? Was geschah
am 17. Juni? Das ist gar nicht so einfach zu
sagen. Obwohl es sich in den Feiertagsreden in
der Bundesrepublik so anhörte, hatte der
17. Juni im Grunde mit der Einheit nichts zu tun.
Was war passiert? Am 17. Juni 1953 verließen
Tausende von Arbeitern in Ostberlin ihre
Arbeitsplätze. Auch in anderen Städten der DDR,
vor allem in Städten mit einer organisierten
Arbeiterschaft wie Leipzig oder Bitterfeld, traten
Arbeiter in den Streik, insgesamt 300.000. Es
ging ihnen um ganz handfeste Dinge, die ihren
Alltag betrafen: Senkung der Normen, Senkung
der Lebensmittelpreise, Absetzung örtlicher
Funktionäre. Mit der Einheit hatte das nichts zu
tun. Dann aber nahmen die Dinge eine Wendung,
aus dem Ausstand wurde ein Aufstand:
Parteibüros wurden gestürmt, Demonstrationen
wurden organisiert. Denen schlossen sich weite

Teile der Bevölkerung an. Staatliche Lebensmittel-
läden wurden gestürmt, ebenso wie Gefängnisse.
Die Forderungen wurden umfassender.
Schließlich schritt die sowjetische Besatzungs-
macht ein. Es kam zu Toten und Verletzten, wie
vielen, das ist bis heute nicht geklärt. Im
Nachhinein wurde der 17. Juni im Westen zu
einem heroischen Volksaufstand verklärt, im
Osten vom Regime als faschistischer
Putschversuch denunziert. Auf jeden Fall half der
Westen kräftig mit: Die Zonengrenze war noch
offen, und viele Demonstranten kamen aus dem
Westen. Und die Nachricht über den Aufstand in
Berlin verbreitete sich in andere Teile der DDR
durch die Nachrichten im RIAS. Zur Einheit trug
der Tag nicht bei, eher im Gegenteil: Er stärkte
die politische Rechte in der Bundesrepublik,
denen die Westbindung wichtiger war als die
Einheit, er stärkte die Stalinisten in der DDR.
Dennoch blieb die Einheit, im Osten wie im
Westen das erklärte Ziel – auf dem Papier.

TESA

Tesafilm (oder einfach *Tesa*) ist ein durchsichtiges Klebeband. Tesa ist zwar ein Eigenname, aber so bekannt, dass der Eigenname metonymisch auch für jedes Klebeband anderer Fabrikate verwendet wird. Es ist so verbreitet, dass das Wort *Tesafilm* Aufnahme in den *Duden* fand. Aber warum heißt es *Tesa*? Hinter *Tesa* versteckt sich, wie bei anderen Markennamen, der Name einer Person, einer Person, die das Produkt erfunden oder auf den Markt gebracht hat oder sonst irgendwie mit ihm in Verbindung steht. Hinter *Haribo* verbirgt sich Hans Riegel, Bonn, hinter *Adidas* verbirgt sich Adi Dassler, *Romika* steht für Rollmann, Michael und Kaufmann, die Firmengründer, und *Rowenta* steht für Robert Weintraut. *Geha* steht für Gerhard Hübner, und *C&A* für Clemens und August Brenninkmeyer. Elsa Tesmer war Kontoristin bei Beiersdorf, dem Hersteller von Tesa, und aus ihrem Namen entstand *Tesa*.

THESENANSCHLAG

Am 31. Oktober 1517 schlug Martin Luther an der Schlosskirche zu Wittenberg 95 Thesen an. In diesen Thesen prangerte er die Missstände in der Kirche, besonders den Ablasshandel an. Dieser Thesenanschlag dürfte Legende sein. Er hat vermutlich nie stattgefunden, hat sich aber als eingängiges szenisches Bild für den Moment, der den Beginn der Reformation in Deutschland einläutete, in den Köpfen festgesetzt. Die Reformation veränderte Deutschland, mehr als Luther es sich hätte ausmalen können und anders als von ihm beabsichtigt. Sie führte zur Spaltung einer Kirche, die Luther nur reformieren wollte. Seine 95 Thesen standen auf einem gedruckten Flugblatt, wie es damals nicht unüblich war. Sie wandten sich an die Gebildeten und waren folglich auf Latein verfasst. Luthers Thesen wurden mit viel Begeisterung aufgenommen, stießen aber auch auf heftige Gegenwehr. Er selbst antwortete mit weiteren Flugschriften, diesmal auch auf Deutsch verfasst. Luther wurde zum Staatsfeind, zog sich unter dem Schutz seines Landesherrn auf die Wartburg zurück und machte sich daran, die Bibel zu übersetzen, zunächst das Neue Testament. Luthers Bibelübersetzung war nicht die erste deutsche Übersetzung, aber sie war anders als die anderen, verständlicher, volkstümlicher. Seine Vorgänger hielten sich streng an die lateinische Version, die als die einzig authentische galt. Diese Übersetzungen folgten dem lateinischen Text Wort für Wort, auch in der Satzstellung. Luther ging einen radikal anderen Weg, wollte dem „Volk aufs Maul schauen", um einen Text zu finden, der von allen verstanden würde. Seine Übersetzung hatte weitreichende Auswirkungen auf die deutsche Sprache. Luther musste sich oft zwischen verschiedenen dialektalen Varianten entscheiden und bevorzugte in der Regel die mitteldeutsche gegenüber der oberdeutschen oder der niederdeutschen. Deshalb sagen wir bis heute *Lippe* und nicht *Lefze*, *Träne* und nicht *Zähre*, *Ziege* und nicht *Geiß*, *Ufer* und nicht *Gestade*, *Peitsche* und nicht *Geißel*, *krank* und nicht *siech*, *prahlen* und nicht *geuden*. Luthers Deutsch wurde zur Basis des späteren Standards, und noch heute weichen die Dialekte des Südens, des Westens und des Nordens in Deutschland stärker vom Standard ab als die des Ostens und der Mitte.

TÖDLICHES QUARTETT

Was fachsprachlich *metabolisches Syndrom* heißt, das gleichzeitige Vorliegen von Bluthochdruck, Übergewicht, Stoffwechselstörung und Insulinresistenz, heißt umgangssprachlich *Tödliches Quartett.*

TOSKANA-FRAKTION

Die Toskana-Fraktion ist keine Fraktion, sondern eine lose Gruppierung innerhalb der SPD. Sie nennt sich selbst nicht so, sondern wird von anderen etwas spöttisch so genannt. Die Mitglieder der Toskana-Fraktion entstammen nicht dem traditionellen Arbeitermilieu der SPD, sondern kommen aus dem links-intellektuellen, vormals revolutionären Ambiente und pflegen heute einen gehobenen, schicken Lifestyle, der seinen Ausdruck u.a. in Aufenthalten in der Toskana findet, idealerweise im eigenen Ferienhaus.

TRABI

Der *Trabi* (Kurzform von *Trabant*) ist das bekannteste Auto aus der DDR. Der Trabi ist der

Kleinwagen, der das Straßenbild Ostdeutschlands bestimmte. Er galt als erschwinglich und robust, aber auch als Dreckschleuder. Der Name *Trabant* wurde in einer Umfrage gefunden. Er bedeutet ‚Gefährte‘, ‚Begleiter‘, genauso wie *Sputnik*. Nach der Wende wurde die Produktion eingestellt, der Trabi wurde zum Kultobjekt, zum Filmhelden, wird als Liebhaberfahrzeug gefahren, aber auch weiterhin als Alltagsfahrzeug. Vor allem ältere Menschen wollen sich nie von ihrem Trabi trennen. > OSTALGIE

TRENNE NIE S-T, …

Einer alten Rechtschreibregel zufolge durfte man die Buchstaben *s* und *t* nicht trennen, weil sie zusammengehörten. Also trennte man *ge-stern*, d.h. nicht an der Silbengrenze. Als Merkspruch für diese Regel galt „Trenne nie *s-t*, denn es tut ihm weh." Den Merkspruch gibt es noch, die Regel nicht mehr. Heute trennen wir *ges-tern*. Ohne den Buchstaben *s* und *t* Schmerz zuzufügen. > WER *NÄMLICH* MIT *H* SCHREIBT, …

TRÜMMERFRAUEN

Trümmerfrauen, das ist das Wort für die Frauen, die unmittelbar nach dem Krieg in den zerstörten deutschen Innenstädten standen und mit bloßen Händen und kleinen Eimern die Trümmer wegräumten. Das waren Frauen, so die herkömmliche Vorstellung, die die Ärmel hochkrempelten und sich selbstlos an den Wiederaufbau der Innenstädte machten. Die Wirklichkeit war anders. Viele Frauen leisteten die Arbeit nicht freiwillig, sondern waren als willige Helferinnen der Nationalsozialisten von den Alliierten dazu verurteilt worden. Außerdem leisteten Männer dieselbe Arbeit, sind aber in unserer Wahrnehmung nicht so präsent. Keiner spricht von *Trümmermännern*. Entscheidend aber ist, dass die Beseitigung der Trümmer des Nachkriegsdeutschlands nicht mit bloßen Händen zu bewältigen war. Den weitaus größten Teil des Abrisses leisteten dazu beauftragte Unternehmen mit leistungsstarken Maschinen. Was die leisteten, konnte keine Trümmerfrau leisten.

TSCHÜSS

Tschüss (oder *tschüs*) ist ein Gruß, den man beim Abschied gebraucht, ein umgangssprachliches Wort, das sich aber immer mehr verbreitet und *Auf Wiedersehen* immer mehr verdrängt. *Tschüss* sagte man früher unter Freunden, heute hört man es auch in Geschäften oder auf Ämtern oder in Unternehmen. Die meisten Deutschen ahnen nicht, dass sie den Namen Gottes in den Mund nehmen, wenn sie *tschüss* sagen. Das tun sie aber. Denn *tschüss* kommt von niederdeutsch *adjüs* und das wiederum von span. *adiós*, das seinerseits auf lateinisch *ad deum* (wörtlich ‚zu Gott‘) zurückgeht. Davon stammt übrigens auch *adé* ab! Ausländern fällt oft auf, dass wir nicht *tschüss*, sondern *tschüühüs* sagen.

UND GOTT ERSCHUF IN SEINEM ZORN ...

Rheinländer und Westfalen gelten als gegensätzlich in Charakter und Lebensstil, treffen aber in einem Bundesland, Nordrhein-Westfalen, aufeinander. Sie sehen sich auch wohl selbst als gegensätzlich, Rheinländer sehen Westfalen als stur und unzugänglich, Westfalen sehen

Rheinländer als ausgelassen und unstet. Bissige Kommentare über die anderen bleiben dabei nicht aus. Im Rheinland kennt man diesen Reim über zwei Städte in Westfalen: „Und Gott erschuf in seinem Zorn, Bielefeld und Paderborn." > SEH'N WIR UNS NICHT AUF DIESER WELT, …

UND KNIGGE SPRACH ZU SEINEN JÜNGERN, …

Das Wort *Knigge* wird heute fast nur mit Benimmregeln verbunden. Es gibt einen Knigge für Smartphones, einen Knigge für Führungskräfte, einen Knigge für Dummies, einen Schweizer Knigge, einen Knigge für Berufseinsteiger, einen Knigge für den Alltag usw. Solche Bücher enthalten meist Regeln für das Verhalten, schreiben vor, was man tun und lassen soll. Am meisten verbindet man Knigge mit der Etikette beim Essen, bei Besuchen, bei Begrüßungen. Aber der originale Knigge, Adolph Freiherr von Knigge, interessierte sich nicht dafür, ob man Kartoffeln mit der Gabel zerdrückt oder mit dem Messer zerschneidet. Er war kein steifer Benimmonkel, sondern ein Aufklärer. In seinem Buch *Über den Umgang mit Menschen*

(1788) plädiert er für ein wertschätzendes
Miteinander, verrät, wie man sich ungezwungen
in jeder Gesellschaft bewegen und damit die
starren Schranken der ständischen Hierarchie
zwischen Gesellschaftsschichten durchbrechen
kann. Ein moderner Ausspruch, der ironisch auf
die Essensetikette abzielt, lautet: *Und Knigge
sprach zu seinen Jüngern: Hähnchen isst man mit
den Fingern.*

UNTER DEN TALAREN ...

Bei der Amtseinführung des neuen Rektors der
Hamburger Universität entfalteten Studenten
1967 ein Schild mit der Aufschrift „Unter den
Talaren – Muff von 1000 Jahren". Der Spruch
wurde zu einem Symbol der Studentenbewegung.
Damals trugen Professoren Talare und Studenten
Anzug und Krawatte und siezten sich
untereinander.

VOKUHILA

In den achtziger Jahren kam eine Frisur auf, die
plötzlich populär wurde und von vielen
Prominenten, darunter deutschen Fußballprofis,
getragen wurde. Sie war nicht sonderlich schön,

was aber nicht verhinderte, dass sie zur bestimmenden Mode der Zeit wurde. Man trug das Haar vorne kurz, hinten lang. Daraus ergab sich der volkstümliche Name für die Frisur: *Vokuhila* = <u>Vo</u>rne <u>ku</u>rz, <u>hin</u>ten <u>la</u>ng.

VON DER WIEGE BIS ZUR BAHRE …

Die Bürokratie hat in Deutschland einen schlechten Ruf. Sie gilt als langsam, umständlich und intransparent. Deutsche haben oft den Eindruck, dass alles kompliziert sei und dass man für jede Kleinigkeit ein Formular ausfüllen müsse, auch wenn es nicht notwendig ist. Also: „Von der Wiege bis zur Bahre: Formulare, Formulare.“

WARUM IST DIE BANANE KRUMM?

Kinder, die das Wort *Warum?* entdeckt haben, das letzte und komplizierteste der Fragewörter, haben die Angewohnheit, davon so viel Gebrauch zu machen, dass sie damit ihre Eltern zur Weißglut bringen. Die verzweifelten Eltern, die nicht alles beantworten können, reagieren dann entnervt mit „Warum? Warum? Warum ist die Banane krumm?“ Es ist eben so, wollen sie damit sagen, nicht auf alles gibt es eine Antwort. Aber auf diese Frage gibt es sehr wohl eine Antwort: Die Bananen wachsen unter großen schützenden Hüllblättern. Zuerst wachsen sie, der Schwerkraft folgend, nach unten. Dann aber strecken sie sich nach oben, dem Licht, der Sonne entgegen. Und dabei werden sie krumm. Das ist die wissenschaftliche Antwort. Kinder haben aber auf die Frage eine bessere, weil kürzere Antwort: „Weil niemand in den Dschungel zog / und die Banane geradebog.“

WASCHBÄRENHAUPTSTADT

Kassel ist die Hauptstadt der Waschbären in Deutschland. Ursprünglich waren dort lediglich zwei Waschbären ausgesetzt worden, inzwischen haben sie sich so sehr vermehrt, dass sie bis in die Vorstädte eingedrungen sind und die Mülleimer nach Verwertbarem durchsuchen.

WELCHER SEEMANN LIEGT BEI NELLY IM BETT?

Dieser nicht sonderlich schlüssige Satz ist ein Merkspruch. Er hilft, sich an die Ostfriesischen

Inseln und an ihre Reihenfolge (von Ost nach West) zu erinnern. Die Anfangsbuchstaben stehen für die Inseln: <u>W</u>angerooge, <u>S</u>piekeroog, <u>L</u>angeoog, <u>B</u>altrum, <u>N</u>orderney, <u>J</u>uist, <u>B</u>orkum. Der Name *Norderney* bezeichnet ganz genau, was Norderney ist, nämlich die ‚Nordinsel', wobei *-ey* das alte friesische Wort für ‚Insel' und mit *Eiland* verwandt ist. Ähnlich ist es bei *Langeoog*, der ‚Langen Insel'. Der Wortbestandteil *-oog* hat nichts mit Auge zu tun, sondern ist, wie in *Wangerooge* und *Spiekeroog*, das niederdeutsche Wort für ‚Insel'. Dessen nördliches Pendant, *ö*, findet sich in *Öland*, *Malmö* und *Faröer*.

WENN DER BAUER NICHT SCHWIMMEN KANN, …

Wenn irgendetwas nicht gelingt, neigen wir dazu, die Schuld woanders zu suchen und nicht bei uns selbst. Der sarkastische Kommentar dazu lautet „Wenn der Bauer nicht schwimmen kann, liegt's an der Badehose."

WENN DER HAHN KRÄHT AUF DEM MIST …

Unter den vielen Bauernregeln für das Wetter hat sich diese im Laufe der Jahrhunderte besonders

bewährt und erzielt eine große Trefferquote:
„Wenn der Hahn kräht auf dem Mist, ändert sich
das Wetter oder es bleibt wie es ist."

WENN DU DENKST, DU DENKST …

In Deutschland kursiert ein Kinderreim, der
witzig, aber tiefgründiger ist, als die meisten von
uns es sich klar machen: „Wenn du denkst, du
denkst, dann denkst du nur, du denkst, denn
wenn das Denken denken Denken wär, dann wär
das Denken gar nicht mal so schwer." Hier stellt
sich also die Frage, was Denken denn überhaupt
sei. Was passiert, wenn wir denken? Wie autonom
sind wir? Entscheiden wir selbst, wann und was
wir denken? Oder gibt es da eine andere Instanz?
Sprachlich findet das seinen Niederschlag in einer
früheren Sprachform. Damals sagte man nicht *Ich
denke*, sondern *Mich dünkt* oder *Mich deucht*.

WENN ICH DIE SEE SEH', …

Ein See ist etwas anderes als *eine See, der* See ist
nicht gleich *die See*. Der Bodensee, ein
Binnengewässer, ist etwas anderes als die
Südsee. Wir wissen alle intuitiv, was der

Unterschied ist, aber wenn man genau hinguckt, ist die Unterscheidung gar nicht so klar. Was ist der genaue Unterschied zwischen einer See und einem See? Es ist nicht die Größe, nicht die Tiefe, nicht der Salzgehalt. Die prototypische See ist zwar größer, tiefer und salzhaltiger als der prototypische See, aber es lassen sich immer Gegenbeispiele finden: der Viktoriasee, der Baikalsee, der Große Salzsee. Dazu kommen Überschneidungen mit *Meer*. Das Kaspische Meer ist eigentlich ein See, der größte der Erde, denn er ist ein Binnengewässer, und das macht ihn zum See. Andererseits: Die Ostsee ist durch das Kattegat mit dem Meer verbunden, und wenn das Kattegat Teil der Ostsee ist, müsste die eigentlich *Ostmeer* heißen. Um all diese feinen Unterscheidungen schert sich nicht der bekannte Spruch mit dem Wortspiel *Wenn ich die See seh', brauch ich kein Meer mehr.*

WENN ICH NICHT MEHR WEITERWEIß, …

Bei Sitzungen in Behörden und Unternehmen besteht eine gewisse Neigung, Fragen, die zur Klärung anstehen, nicht direkt anzugehen, sondern einer Kommission aufzuerlegen. Deshalb heißt es „Wenn ich nicht mehr weiterweiß, gründ’ ich einen Arbeitskreis.“

Wenn morgen früh die Sonne lacht, …

Die CDU ist (zusammen mit ihrer Schwesterpartei, der CSU) die Partei mit den meisten Jahren in Regierungsverantwortung in der Bundesrepublik. Es lohnt sich in Deutschland, an der Regierung zu sein, denn meistens wird bei den Wahlen die aktuelle Regierung bestätigt. Und meistens werden die Erfolge dem größeren Koalitionspartner zugeschrieben, ob zu Recht oder zu Unrecht. Die Erfolge werden damit oft der CDU gutgeschrieben. Das findet seinen ironischen Ausdruck in dem Ausspruch „Wenn morgen früh die Sonne lacht, dann hat’s die CDU gemacht.“

Wer einmal an der Ahr war …

Die Ahr ist eins von dreizehn deutschen Weinanbaugebieten. Sie ist unter anderem bekannt für ihren Rotwein. Und als Reiseziel von Gruppen, die in erster Linie zum Trinken dorthin reisen. Jedenfalls in der Vorstellung vieler

Deutscher ist das so. Daher kommt der Ausspruch „Wer einmal an der Ahr war und weiß, dass er an der Ahr war, der war nicht an der Ahr. Wer einmal an der Ahr war und *nicht* weiß, dass er an der Ahr war, der war an der Ahr."

WER *NÄMLICH* MIT *H* SCHREIBT, …

Im Deutschen gibt es unterschiedliche Formen, einen langen Vokal zu markieren: mit einem stummen *h* (*wahr*), mit einer Verdoppelung des Vokals (*Haar*) oder gar nicht (*waren*). Gelegentlich erlaubt die Schreibweise, homophone, also gleichlautende Wörter in der Schrift zu unterscheiden (*Nachname* und *Nachnahme*). Das führt zu Unsicherheiten. Schreibt man *nämlich* oder *nähmlich*? Als Merkspruch für Schüler galt „Wer nämlich mit *h* schreibt, ist dämlich." Im Gegensatz zu langen Vokalen werden kurze Vokale oft dadurch markiert, dass der folgende Konsonant verdoppelt wird: *hoffen, Messe.* Das war in der Vergangenheit nicht immer so. In einigen Regionen Deutschlands konnte die Verdoppelung auch einen langen Vokal anzeigen. Es gab also regionale Unterschiede bei der

Schreibung. Deshalb war *Gutenberg* in der Aussprache gleich *Guttenberg*, *Hofmann* gleich *Hoffmann* und *Schäfer* gleich *Schäffer*.

WER SEIN FAHRRAD LIEBT, …

Deutschland ist Radfahrerland, auch wenn es nicht die Nr. 1 in Europa ist. Das Fahrrad kommt im Alltag, auf Radtouren und im Sport zum Einsatz. Die Bedingungen für die Radfahrer sind in den meisten Städten nicht ideal, aber besser als früher, und im ganzen Land gibt es markierte Wege für Radtouren. Die flachen Gegenden Norddeutschlands erleichtern das Fahren, aber die deutschen Mittelgebirge können ein ganz schönes Höhenprofil haben, und nicht jeder kommt jeden Hügel rauf. Dann schiebt man eben. Und bekommt zu hören „Wer sein Fahrrad liebt, der schiebt."

WER SICH NICHT WEHRT, …

Traditionellerweise wurde der Frau die Rolle der Hausfrau zugewiesen. Das wurde nicht weiter hinterfragt. Die Frauen mussten selbst aktiv werden, um für sich eine neue Rolle zu gewinnen.

Deshalb hieß es „Wer sich nicht wehrt, landet am Herd." > KÜCHE, KINDER, KIRCHE

WER ZWEIMAL MIT DERSELBEN PENNT, ...

Die Generation der Achtundsechziger hatte es nicht nur auf das politische System und die Vergangenheitsvergessenheit der Gesellschaft abgesehen, sondern auch auf die Werte und Lebensgewohnheiten des Bürgertums, des gehassten Establishments. Bei dem waren Monogamie und eheliche Treue kaum verhandelbare Werte. Bei den Achtundsechzigern war das anders. Sie predigten und pflegten einen freieren Umgang mit der Partnerschaft und mit Sexualität. Ironisch gebrochen findet sich das in dem Ausspruch „Wer zweimal mit derselben pennt, gehört schon zum Establishment."

WESTBERLIN

Westberlin oder *West-Berlin*? Der Bindestrich macht den Unterschied. Für die DDR war Westberlin eine eigenständige politische Einheit, ein Land sozusagen, und hatte nichts mit der Bundesrepublik zu tun. Daher die Schreibweise

Westberlin. Im Unterschied zu *Berlin.* So nannte man die Hauptstadt der DDR. Das ist etwa so wie *West Virginia* und *Virginia. West Virginia* hat keinen Gegenpol, es gibt kein *East Virginia.* So gab es in der DDR auch kein Ost-Berlin. Anders sah man das in der BRD. Dort war *Berlin* eine Einheit, geteilt in *West-Berlin,* einem Teil oder Anhängsel der BRD, und *Ost-Berlin,* der Hauptstadt der DDR. Also beide mit Bindestrich. Schreibweise macht Politik.

WIR SCHAFFEN DAS

Der emblematischste, bekannteste und umstrittenste Satz, den Angela Merkel in ihrer sechzehnjährigen Kanzlerschaft gesagt hat. Der Satz fiel 2015 im Rahmen der sog. Flüchtlingskrise, als Angela Merkel sich, angesichts der katastrophalen Lage der nach Europa wandernden Flüchtlinge, weigerte, die deutschen Grenzen zu schließen (später wurde ihr oft unterstellt, sie habe die Grenzen geöffnet – was nicht stimmt). Angela Merkel wollte den Deutschen Mut zusprechen und verwies auf die vielen Krisen, die Deutschland schon bewältigt hatte und verbreitete damit Zuversicht angesichts der schwierigen Lage. Deutschland werde auch diese Herausforderung bewältigen. Tatsächlich sagte sie den Satz mehr als einmal, aber im kollektiven Gedächtnis ist besonders eine Szene bei der Bundespressekonferenz in Erinnerung geblieben. Trotz allem, trotz der vielen Unkenrufe, trotz der vielen Angriffe, trotz der massiven Probleme, die auf das Land, die Behörden und die Bevölkerung zukamen, sollte Angela Merkel Recht behalten. Wir schaffen das.

WIR SIND PAPST

2005 wurde Joseph Ratzinger zum Papst gewählt. Ein Deutscher Papst, der erste deutsche Papst seit vielen Jahrhunderten. Er wurde Papst als Benedikt XVI. Eine große deutsche Tageszeitung titelte am nächsten Tag auf der ersten Seite: „Wir sind Papst". Dies ist eine Zeile, die die meisten Deutschen kennen, die im kollektiven Gedächtnis fest verankert ist. Benedikt XVI. trat 2013 als Papst zurück.

WITWENMACHER

Der Starfighter war der Name eines einstrahligen Kampfflugzeugs US-amerikanischer Provenienz aus der Zeit des Kalten Krieges. Das Flugzeug wurde nicht so sehr durch seine Qualitäten als durch seine vielen Abstürze bekannt. Jeder sechste Starfighter stürzte ab, viele Abstürze endeten tödlich für den Piloten. Das trug dem Flugzeug den Namen *Witwenmacher* ein. Die Sache wurde von der Presse aufgegriffen und kam vor den Bundestag. Der damalige Verteidigungsminister, Kai-Uwe von Hassel, beschwichtigte, alles sei halb so wild, alles sei unter Kontrolle. Dann gab es ein Startverbot für den Starfighter, dann wurde das Startverbot wieder aufgehoben. Einige Piloten stiegen aus, andere machten weiter, darunter Joachim von Hassel, der Sohn des Verteidigungsministers. 1970 stürzte er mit seinem Starfighter ab und kam dabei ums Leben.

WUPPERTALER SCHWEBEBAHN

Die Schwebebahn in Wuppertal ist ein einzigartiges Verkehrsmittel, ein Verkehrsmittel, das sich seit vielen Jahren bewährt hat und den innerstädtischen Verkehr in Wuppertal erheblich entlastet. Für Besucher ist es außerdem schön, über die Stadt und die Wupper zu schweben. Dennoch hat die Schwebebahn keinen Nachfolger in einer anderen deutschen Stadt gefunden. Die Schwebebahn wurde zu Beginn des 20. Jahrhunderts erbaut und wurde zum Wahrzeichen Wuppertals. Die Strecke führt zum größten Teil über die Wupper. Lange unter Verschluss gehalten wurde eine Episode aus der Nachkriegszeit. Damals wurde zu Werbezwecken ein Elefantenbaby in eine der Kabinen verfrachtet. Das Elefantenbaby bekam Panik und sprang aus dem Wagen in die Wupper. Es heißt, es sei mit ein paar Schrammen davongekommen.

ZECKE NEUENDORF

Andreas Neuendorf war ein deutscher Fußballprofi. Er spielte für Hertha BSC. Neuendorfs Spitzname war *Zecke*. Er wollte, dass *Zecke* auf seinem Trikot stand. Das ließ der Deutsche Fußballbund nicht zu. Nur amtliche Namen durften auf den Trikots erscheinen. Und

Zecke war kein amtlicher Name. Neuendorf nutzte daraufhin sein künstlerisches Talent, malte ein paar Bilder und signierte sie mit *Zecke*. Dann ließ er *Zecke* als seinen Künstlernamen eintragen. Damit wurde *Zecke* zu einem amtlichen Namen. Danach konnte Neuendorf mit dem Namen *Zecke* auf dem Trikot auflaufen.

Der Autor

Werner (Josef) Schäfer hat sich ein halbes Leben lang mit Fremdsprachen beschäftigt, als Lerner, als Leser, als Lehrer. In letzter Zeit hat er seine Muttersprache neu entdeckt. Er schreibt leicht verständliche (und leichtverständliche) Texte über Reisen, Sprache(n) und Kultur.